U0616890

岁时佳话 儒学与节庆

儒家文化之当代解读系列丛书 向世陵／总主编

李永富／著

西南交通大学出版社

成都

图书在版编目（ＣＩＰ）数据

岁时佳话：儒学与节庆 / 李永富著. —成都：西南交通大学出版社，2018.10

（儒家文化之当代解读系列丛书 / 向世陵总主编）

ISBN 978-7-5643-6213-3

Ⅰ. ①岁… Ⅱ. ①李… Ⅲ. ①儒家 – 传统文化 – 关系 – 节日 – 风俗习惯 – 研究 – 中国 Ⅳ. ①B222.05 ②K892.1

中国版本图书馆 CIP 数据核字（2018）第 114545 号

儒家文化之当代解读系列丛书 / 向世陵总主编

岁时佳话：儒学与节庆

Suishi Jiahua：Ruxue Yu Jieqing

李永富　著

出 版 人	阳　晓	
责任编辑	赵玉婷	
助理编辑	罗俊亮	
封面设计	原创动力	
出版发行	西南交通大学出版社	
	（四川省成都市二环路北一段 111 号	
	西南交通大学创新大厦 21 楼）	
发行部电话	028-87600564　028-87600533	
邮政编码	610031	
网址	http://www.xnjdcbs.com	
印刷	四川煤田地质制图印刷厂	
成品尺寸	130 mm × 185 mm	
印张	4.5	
字数	75 千	
版次	2018 年 10 月第 1 版	
印次	2018 年 10 月第 1 次	
书号	ISBN 978-7-5643-6213-3	
定价	23.00 元	

总序

向世陵

　　中国优秀传统文化在今天是一个频度颇高的热词，然其"热"之内涵，不论作何概括，总不离作为传统文化主体的儒家文化。

　　儒家的文化系统，进入我们眼帘的，首先是世俗文化，但在同时，儒家文化也有自己超越性的一面，以满足人们的精神需要和理性的价值追求。从学术的发展说，自传统儒学到宋明新儒学——理学的兴起，重点就是解决传统儒学只注重于世俗层面而缺乏超越性的精神品位的问题。放入哲学的框架，这被归结为形而上的问题。但中国儒家所追求的形而上并不如同西方哲学那样，其形而上是在形而下的现象世界之后或之外，它存在于现象世界之中并与其融为一体而不可分离。同时，儒家文化及其哲学的特点，是坚信超越性的本体与世俗的现象世界都是真实无妄的存在，并与我们的生命一起年年月月日日被证实。

1

就此而言，它也不同于由外入内而成为中国文化组成部分的佛教，后者是以真性与假象和合的真假合一观去看待世界。道理并不奇怪，因为追根溯源，佛教也是来源于"西方"的信仰和思想。

儒家批判佛老，反对佛老的虚空本性观，阐明天地人生无处不是实气、实理的存在。作为儒家本体论哲学渊源的子贡所言"性与天道不可得而闻也"，正是披露了儒家理论相对于佛教思想之优长，即"不得闻"正是说明了儒家反对空谈心性，而主张从气化的真实世界、从人伦日用的社会现实中去体悟天理，强调的是心境、心迹的统一。儒家文化打造的形而上的精神世界，只能存在于形而下的生活世界之中。放眼今天的社会，"独尊儒术"的时代虽然早已离我们远去，但围绕在我们周围的乡土人情、风俗习惯、家庭生活、节庆礼俗、教化信仰等方方面面，都无不浸染和诉说着儒家文化传统的深刻影响。其中所贯穿的，是作为人类生活总的导向的真善美的价值，又尤其是对真善的追求。

但社会的发展总有不尽如人意的方面，今天的中国，亦不乏不完美甚至丑恶的现象存在，一些人将原因归咎于缺乏信仰，又往往是特指缺乏超越性的宗教信仰。如此的诊断，并不符合中国社会的实情和民族的心理定位，也无助于认识在儒家文化浸染下中国人生活的多层面向。一般地说，有信仰好还是无信仰好不能一概而论，儒家文化在其创立者那里便是不信神力的，"子不语怪力乱神"（《论语·述而》）也。当然，儒家重视天，祭天在历朝历代都是国家的大事。然而，这种对天的心存敬畏，实质上是对外在于我的客观必然的尊重，但这并不意味拜倒在天的奴役之下。"神道设教"虽然也有市场，但这正好说明"神"并非超越性的权威，而是如同墨子"天志"那样是效力于人的工具，是为思想家或统治者的政策服务的。南北朝时期反佛的重要代表范缜，站在儒家的立场并吸收道家的方法，对佛教信仰者坚持的形神相分、形灭神存等观点进行了系统的批判，主张形神相即（不离）、形质神用。但在同时，范缜承认"神道设教"的必要，以为"所以从孝子之心，而厉渝薄之意"（《神灭论》）。有意思的是，反而是佛教信仰者不认同神道设教，而坚持鬼神的真实。在儒家学者对待神灵的态度中，唐代柳宗元有非常经典的表述，那就是"力足者取乎人，力不足者取乎神，所谓足，足乎道之谓也"（《非国语上·神降于莘》），神不过是人们在人生境遇不顺时的心理安慰罢了。柳宗元作为中唐儒学复兴运动的一名代表，明确提出了"文者以明道"（《答韦中立论师道书》）的重要思想主张，这与当年子贡言"性与天道不可得而闻也"正好相互发明，并成为后来周敦颐"文所以载道也"（《通书·文辞》）的经典语句的先行。可以说，在他们心中，儒家对天的信仰其实就是对道的尊崇。

因而，形式上是敬天祭神，实质上却是讲道说理，这在宋明理学家中有非常深入的阐发，譬如朱熹自己就认为理学是讲道理之学。天、道、理等固然属于超越性的概念，但又都不能离开内在性而独存。早年周公的敬天就已经向敬德转化，德性的价值被突出出来。天之道成为人之德，"天生德于予"（《论语·述而》）也。人与天相合，正是与天地

3

合其德。"德"虽内在，不"明"却不能得，"明"此明德根依于人对它的体验和认识。天人合一的图景依赖于天人有分的前提，"主宾之辨"同样是中国哲学的精神。人不是被动地"任天"而是主动地"相天"，天人的相合是以人积极主动的创造性活动为归宿的。

天人之间的相合在儒家又被披上了礼乐文明的特色。所谓"乐者敦和，率神而从天；礼者别宜，居鬼而从地。故圣人作乐以应天，制礼以配地。礼乐明备，天地官矣"（《礼记·乐记》），就是说，乐者敦睦和谐，调和其气，循（圣人）魂气而从天；礼者别物异处，裁制形体，循（贤人）魄体而从地，从此出发，乐感天地和礼制社会都属于必须，礼乐都显明完备，合力互动，天地人事就能各得其利了。就人事自身而论，在礼乐适宜地规范和熏陶下，人能够静心向善而不会随波逐流，从而有助于公序良俗的形成，并最终引向理想社会的愿景。在古人心中，圣人制礼作乐的目的，是为调节民之好恶，在乡俗民情、家庭邻里、婚丧节庆等日常行为活动中引导他们归向人道之正途。礼乐皆得其所，便是"有德"。德既是礼乐文明的集中表现，"所以名为德者，得礼乐之称也"（《礼记正义·乐记》），也是儒家培养健全人格的基本内核。

从经典资源的层面说，被视为中国文化生命之源的《周易》，在其开天辟地的乾坤卦之后，进入视野的是屯卦和蒙卦，"屯"就是一棵刚出土的幼苗，"蒙"则表明了它非常稚嫩，对处于蒙昧状态的学子来说，蒙卦《象辞》有针对性地提出了"蒙以养正，圣功也"的告诫。北宋两位著名的理学家程颐和张载，于此不约而同地做出了自己的选择：

程颐选择了"蒙以养"，的确，从蒙昧的孩童到进入成年，人都是在被养之中，这包括父母的抚养、师长的教养和社会国家的培养，由此而将幼苗———一代代的孩童养育成才。但人不能总是在被养之中，成才最终需要的是自我实现。自我实现不可能在真空中进行，人总是生活在善恶百行交杂和利益追逐的环境之中。人之初，未必性本善，很可能还是善恶混，故人心难免会产生不善的念头，相应地也就有了矫正和克服它的需要，以及为师者一方的传道、授业、解惑的职责。故与程颐不同，张载选择的是"蒙以正"，强调纠正、端正、矫正人的不善的观念以变化气质，从而保证这些成长中的树木能够正直而不扭曲。但不论是"蒙以养""蒙以正"还是"养"与"正"的合一，目的都是为培养圣贤，在今天就是指善的健全的人格，德行在这里具有当然的优先性。所以，蒙卦《象辞》释"蒙"之"象"是"君子以果行育德"———君子要以果决刚毅的行为去培养自己的德行。当然这不可能一蹴而就，而是一个从天道生生继续而来的自强不息的过程。

自强不息的道路，可能顺利，但更可能曲折。事实上，从人类告别猿类而开始自己的历史那天起，我们就是在与不同的困难做斗争中走过来的。但不论所遇是何种情况，张载都给我们提供了有益的教诲和恰当的对策："富贵福泽，将厚吾之生也；贫贱忧戚，庸玉女于成也。"（《西铭》）一句话，不论眼前发生的可能是什么，我们都应该以一种坦然和开放的心态去迎接。

西南交通大学出版社目前推出的这套"儒家文化之当代解读系列丛书"，与先前出版的同类型著作的区别，就在于它既植根于弘扬优秀传统文化的沃野，又能够直面当代儒家文化复兴所涉及的若干有兴趣的话题，并呈现为一个源源不断的序列，这本身就是儒家文化生生不息精神的生动再现。丛书的作者都是这些年人民大学毕业的学生，他们能够结合自己的人生和社会实践去推进自己的学术事业，其所撰写的文字，融进了他们在民俗风情和家庭社会生活等方面体贴儒家文化的经验积累，既不乏历史的底蕴和精彩的思想辨析，又显得十分生动有趣，能够贴近当代青年学生的阅读兴趣和习惯。虽然其中也有若干不足之处，但作品的的确确是在对儒家文化进行着符合时代需要的当代解读，应该会带来良好的社会效益和思想效益。

本丛书的出版，要感谢热心的西南交通大学出版社的编辑和为这套书努力奔走的杨名博士。看到学生的成长及其作品问世，为师者倍感欣慰。敷陈数语，写在"儒家文化之当代解读系列丛书"出版之际，聊以代序。

中国人民大学国学院

2018年6月28日

引言

　　一提起中国的传统节庆，人们大都会想起这些熟悉的场景：当远方的游子风尘仆仆地赶回故乡，家门上已经贴好崭新的春联，屋子里响起剁饺子馅的声音，我们知道春节来了；"清明时节雨纷纷，路上行人欲断魂"，我们知道祭拜祖先的清明节到了；吃粽子、赛龙舟、插艾条、挂桃木剑、缠五彩线，我们明白热闹非凡的端午节来了；当一家人围坐桌边，享受着美味佳肴，有新鲜可口的葡萄、石榴等时令水果，有各式各样的月饼，望着天上一轮圆月，我们知道阖家团圆的中秋节来了……

　　但是，也有许多传统节庆离我们越来越远，即使是在习俗保存较完整的农村也已销声匿迹了。例如，在正月二十五这一天，人们用簸箕或粪箕盛上草木灰，在自家门口撒出一个个圆圈，象征粮囤。在圆圈内，人们还会放入少许粮食。你可知道这是添仓节的习俗？大家已不熟悉的节日，还有春龙节、上巳节、女儿节等。即使是那些我们熟悉的传统节庆，在工业文明和市场经济大潮的冲击下，也已变得肤浅无味了。春节时，人们感叹年味越来越淡，似乎只剩下大吃大喝和走亲访友；清明节，似乎仅留下扫墓这一习俗；而端午节，很多人想到的也仅仅是吃粽子；中秋节，人们又会感叹月饼不好吃了。殊不知，在每个节庆背后，都有很多值得讲述的故事，也有不少值得体验的习俗，更有值得思索的儒家文化。

目录

第三章　纪念类节庆倡导忠孝

第四章　祈福类节庆反映忧患

第一章

有滋味的老传统

美国学者爱德华·希尔斯说："传统——代代相传的事物——包括物质实体，包括人们对各种事物的信仰，关于人和事件的形象，也包括惯例和制度。它可以是建筑物、纪念碑、景物、雕塑、绘画、书籍、工具和机器。"在传统文化中，节庆也是重要的组成部分。在今天，我们要弘扬传统文化，自然也应继承和发展传统节庆。传统节庆大多都有明确的日期，而且有约定俗成的节庆物品、禁忌等。可以说，节庆是值得回味的老传统。

一、节庆为何物

所谓节庆，包括节日和庆典两个组成部分。从节日而言，是与平常的日子相对而言的。民俗学者赵东玉认为，"它是古人通过对天候、物候和气候的周期性转换之观察与把握而逐渐约定俗成的；节庆民俗则是与农业文明发生、发展同步萌芽出现的，最终形成了一系列适应自然环境、调谐人际关系、传承文化理念的禁忌、占候、祭祀、庆祝、娱乐等活动项目"。说到节庆，既包括传统节庆，例如除夕、元宵、清明、中秋等，又包括现代节庆，例如劳动节、国庆节等。本书的关注重点在于传统节庆。

　　笔者认为，传统节庆内涵丰富、形式多样。它们中的大多数既有明确的日期，又有节庆用具等物质载体，还有故事、传说、习俗等精神载体。有些学者认为，就节庆日期的选择而言，传统节庆至少具有以下三个特点：第一，来源于节气，例如立春节和冬至节就分别来自立春和冬至两个节气，北方有冬至吃饺子的习俗；第二，月中为节，这是儒学中庸思想影响下的产物，例如正月十五元宵节、七月十五中元节和八月十五中秋节等；第三，选择同月同日的日期为节日，目的是方便记忆，例如二月二的春龙节、五月五的端午节、六月六的晒霉节、九月九的重阳节等。

　　说到传统节庆，就不只包括目前仍在影响着我们生活的那些，例如除夕、春节、元宵、清明、端午、中秋和重阳等；还包括目前已被我们淡忘的那些，例如正月初七的人日节、二月十二的花朝节和十月初一的寒衣节等。学者吴慧盈分析说："节日多，爱过节，是汉族的一个特点。农历从正月初一到十二月底过年，古今先后有大大小小几十个节日。"传统节庆虽然数量较多，内容各异，但是大致可以分为如下五大类型，即生产类节庆、纪念类节庆、祈福类节庆、团聚类节庆、娱乐类节庆。上述五类节庆的诞生，既与古代中国人所处的地理环境有关，又和以儒学为主体的中国传统文化密切相关。

二、节的来历

具有鲜明的地域特色的中华传统节庆之所以诞生于神州大地，与古代中国人所置身的地理环境和文化环境密不可分。中国大部分地区位于北温带季风气候地区，春暖花开，秋风送爽，冬寒夏热，四季分明。在华夏文明的发祥时期，人们主要活动在长江流域和黄河流域。在这一地区，受到季风的影响，农业的季节性很强。因此，古人用"春生、夏长、秋收、冬藏"来概括农业生产的各个环节。

可是，在生产过程中人们不得不面临水旱灾害频发的严峻考验。因此，古代中国就需要集体动员治理水患，并从自然环境中获得足够维生的生产和生活资料。而儒学则呼应了这一社会需要，并在一定程度上促进了中国古代行政机构和社会制度的形成和运转。

为了把握农业生产的时机，中国人很早就开始观察天象，希望可以破解时空密码。在确立历法之后，为了方便农业生产，人们又设定了节气。由于当时的生产条件和文化水平的局限，普通老百姓往往不认识字，所以还是会有耽误农业生产时机的可能。于是，"四时八节"应运而生。

所谓"四时"，指的就是春夏秋冬四个季节。而"八节"指的是"立春、春分、立夏、夏至、立秋、秋分、立冬、冬至"。其中，冬至和夏至分别是阴气和阳气最为旺盛的时候；而春分和秋分，则是天气温暖舒适的时候。可以说，"四时八节"是农业生产的关键时刻。因此，古人在确定节庆时，充分考虑了这一点。例如，立春、立夏都成了节庆活动。在立春节上，打春牛则成为传统节庆活动。在立夏节，人们喜欢把未成熟的麦穗烤来吃，这叫尝新麦。

因此，传统节庆中的节日就是以四时八节为基础，并在儒学、道教、佛教等思想的影响下逐步形成的。到了今天，一年四季的传统节日大约有五十多个。从目的上看，节日的设立，是为了督促农业生产。而为了更好地实现这一目的，人们逐步创造了丰富多彩的节庆民俗。因而，节庆之"庆"就逐步产生了。

三、"庆"的演变

前面已经说过，节日的设立是为了督促农业生产。而当时农民的知识水平有限，要想实现这一目的，就要采取他们喜闻乐见的传播方式。节庆之"庆"，就是为了实现这一目的应用而生的。

在笔者看来，节庆里面的"庆"，指的就是和具体节日相关的各类民俗事项，例如节日食品、娱乐、祭祀、禁忌和讲究等。这些节庆活动贴近当地的实际情况，具有明显的区域性和广泛的参与性，有利于代代相传，从而大大丰富了节日的内涵。例如，节庆食品既给予人们直观的视觉感受，又满足了人们的口腹之欲。节庆娱乐不仅具有广泛的参与性，而且可以满足人们放松身心的生理和心理需求。而节庆故事则可以通过口耳相传的方式代代传承，可以起到"润物细无声"的教育效果。总之，节庆之"庆"贴近庶民百姓的文化水平，更容易为他们所理解和传承。

在历史上，节庆成功地实现了督促农民抓住农时、搞好生产的目的。在节庆的发展过程中，百姓也成为丰富节庆内涵的主体。百姓的自我创造，对于丰富节庆的内涵起到了重要的作用。而儒学既为民众提供了思想指导，又在具体的操作层面给了他们诸多启示。可以说，儒学和节庆之间是互相渗透、相互促进的关系。

前面讲过，传统节庆大致可以分为生产类节庆、纪念类节庆、祈福类节庆、团聚类节庆、娱乐类节庆五类。在它们背后，都有儒学的影子。例如，在团聚类节庆中，仁爱思想就化身为重视亲情、看重团圆的天伦之乐。生产类节庆反映了儒家关注现世生活的思想，可以为农业生产提供时间感。祭祀类节庆符合儒学"家国同构、忠孝一体"的伦理要求，强化了家族内部的归属感。在医疗技术不发达的古代，祈福类节庆体现了人们祛病消灾、强身健体的愿望。娱乐类节庆的设立，体现了阴阳平衡、劳逸结合的儒学思想。总之，在以农业文明为主要特征的古代中国，儒学通过节庆来影响百姓，实现了其修己安人、经世致用的社会理想。

综上所述，儒学是中国古代影响范围极广的大传统，而节庆属于影响范围较窄的小传统。传统节庆产生于中华大地，服务于农业文明，和儒学同源。尽管传统节庆也受到佛教、道教等文化的影响，但是对节庆影响最大的还是儒学。儒学通过节庆得以贯彻，节庆通过儒学来确立方向和提升层次。可以说，儒学是传统节庆的方向指引和精神实质，而传统节庆则是儒学在民间的重要表现形式，二者都是华夏灿烂文明的有机组成部分。

第二章

生产类节庆体现重农

俗话说："民以食为天，国以农为本。"在中国古代，民众的生活资料和国家的税收来源，主要靠农业生产来创造。因此，很多家族都以"耕读传家"作为祖训。这儿所说的"耕"就是"日出而作，日入而息"的农业生产。就国家而言，士农工商是国家中最重要的四种职业。所以，《国语》里有"夫民之大事在农"的说法。

在当时，绝大部分农民目不识丁。贴近生活实际的农谚和节庆就成为农民喜闻乐见的宣传方式，有效地提醒他们，勿忘农时。以农谚为例，"人误地一季，地误人一年""七月白露想着种，八月白露抢着种"等，用生动形象的语言告诫农民把握时机。直到今天，这些农谚仍然在晋南地区流传。

而儒学非常重视"时"。例如，作为六经之首的《周易》讲究"时"，提出了"与时偕行"的思想。在儒家典籍《孟子》里面，儒家学者提出了尊重农业生产的规律，不要滥砍滥伐，反对竭泽而渔和焚林而猎的短视做法。在生产类节庆形成的过程中，这一思想就表现为对农时的重视。

在传统节庆中，不少节庆都是和农业生产相关的，例如添仓节、分龙节、乞巧节等，我们可以将其统称为生产

9

类节庆。设立这类节庆的首要目的是为了提醒农民不误农时，及时做好农业生产。例如，白露是二十四节气之一，此时天气转凉，露水开始凝结，也是种冬小麦的时节。因此，白露节在历史上曾经是个节日。生产类节庆凸显了儒学关切现实、重视农业的思想，既有万口传诵的故事，也有流传至今的习俗。

一、立春节

"立春"是一年二十四节气之首，标志着春季的开始，也是农业生产的开端。立春之后，气温逐步升高，白昼开始变长，小麦开始返青，油菜也开始抽薹。俗话说"一年之计在于春"。为了劝导农民不忘农时，《礼记·月令》里面说，在立春这一天，天子亲自率领三公、九卿、诸侯和大夫等官员，到东郊迎接春天到来。在迎春归来之后，天子还要在朝堂之上赏赐官员。此外，天子还要亲自耕田。到了后来，皇帝还会在春季象征性地扶犁耕田，劝谕农民把握时机，搞好农业生产。在民间，官员会带领百姓举行扮演农神句芒和打春牛等活动。

（一）打春牛

在山西民间流传着一首春字歌，歌里面唱道："春日春风动，春江春水流。春人饮春酒，春官鞭春牛。"歌词最后说到的鞭春牛，就是今天我们要说的打春牛。宋代诗人杨万里在《观小儿戏打春牛》一诗中，写到"小儿着鞭鞭土牛，学翁打春先打头"。这首诗形象地描写了宋代百姓在立春节这一天打春牛的状况。

一般来说，春牛是在冬至日之后取土制作完成，高4尺（1尺≈0.33米），长约8尺，身上画着四时八节和360日12时辰的图纹。立春前一天，官员们要斋戒沐浴，穿着素服，带领百姓来到郊外，设置供桌，焚香祷告。此外，人们还要把春牛摆在供桌旁，让扮演句芒神的人用力鞭打春牛，意思是打去春牛的懒散，迎来一年的好收成。打春牛，一开始是打土牛，后来逐渐演变成打纸牛。纸牛中往

春日春风动，春江春水流。
春人饮春酒，春官鞭春牛。

11

往包裹着五谷杂粮。纸牛被鞭打之后，纸张破裂，粮食就会流出来；这时众人便会欢呼。这一仪式象征着粮食满仓，体现了百姓对于风调雨顺、五谷丰登的美好期盼。

按照儒家的阴阳学说，立春之日地底的阳气开始萌动。宋代诗人白玉蟾曾经在《立春》一诗中写道："东风吹散梅梢雪，一夜挽回天下春。"这两句诗生动地描绘了春回大地、万物复苏的场景。所以，古人要顺应天道的脉动，开始一年的劳作。从理论上来讲，效法天道表现了对于农时的尊重，目的是提高农业生产的效率。而效法天道的目的，又是为了实现天人合一。

（二）皇帝扶犁耕田

在古代，为了鼓励百姓搞好农业生产，皇帝也要亲自扶犁耕田，为天下百姓做示范。有首打油诗就反映了皇帝耕田的盛况，诗里这样说："二月二，龙抬头，天子耕地臣赶牛，正宫娘娘来送饭，当朝大臣把种丢，春耕夏耘率天下，五谷丰登太平秋。"在明清时期，皇帝耕田的事情特别盛行。以清代为例，皇帝亲耕常会选在农历二月或者三月的一个吉利的亥日来举行。为了避免亲耕时手忙脚乱，皇帝还会提前到演耕地演习一下。

到了亲耕的那一天，皇帝穿好礼服，先到先农坛举行祭祀农神的典礼，然后再去耕田。亲耕时，皇帝面南站立，臣下把牛套上牛轭，户部尚书跪着把农具敬奉给皇上，顺天府尹把赶牛的鞭子献给皇上。皇帝左手执鞭，右手扶犁，开始耕田。前面有两个德高望重的老人牵牛，后面有顺天府尹和户部侍郎负责播种。此外，皇帝亲耕时，不但有礼部、太常寺等机构的官员护驾，而且有鼓乐齐鸣和赞歌阵阵。皇帝耕田往往只是做个样子，所以只要犁三个来回，就算大功告成。

《论语》里面有"其身正，不令而行；其身不正，虽令不从"，说的是以身作则、言传身教的重要性。皇帝的亲耕，既是用实际行动来践行《礼记》的要求，又是为了给天下臣民树立榜样。这样来看，亲耕的意义异乎寻常。

皇帝亲耕的事宜不只可以劝谕本国百姓，而且也可以产生国际影响。康熙皇帝的亲耕深深地吸引了路易十五等外国皇帝的眼球。1768年春天，法王路易十五亲自在凡尔赛宫的花园里扶起了犁，以学习中国皇帝进行"耕田大典"。1769年奥地利皇帝约瑟夫二世也表演了这一犁地仪式。这两位皇帝之所以这样做，也是为了劝谕本国百姓重视农业生产吧。

二、添仓节

添仓节，又叫填仓节等，是满族和汉族等民族流行的节日。添仓节又分为大添仓和小添仓，前者是正月二十五，后者是正月二十。平时我们所说的添仓节，一般是指大添仓。全国各地都过填仓节，绝大部分是在正月二十五，也有的地方是正月二十三或者正月二十六。虽然过节日期各不相同，可是其目的都是为了祈求五谷丰登、财源茂盛。

（一）添仓节的由来

关于添仓节的由来，民间流传着两个有趣的传说故事。一个讲的是添仓节是由天穿节演变而来，而天穿节又来自女娲炼石补天的故事。另一个讲了仓官爷爷的由来，本书会在下文中讲到。这些故事体现了儒家仁爱思想的影响。

传说在很久以前，山西连续几年大旱，当地百姓衣食无着，饿死的人不计其数。可是，朝廷不但不放粮赈灾，反而继续横征暴敛。有一位看管官仓的小官看在眼里，急在心里。于是，他就假托玉皇大帝的旨意，告诉百姓在正月二十五晚上到官仓来取粮。一传十，十传百，饥肠辘辘的人们都盼着这一天快点到来。

到了正月二十五这一天，仓官打开粮仓，让百姓领取救命粮。一时之间，大家纷纷前来领粮食。时间过得很快，粮仓里面的粮食很快被领空了。仓官知道自己难逃一死，就在仓库里放了一把火，然后纵身跳入火海。仓官舍生取义的壮举传开之后，老百姓都很感念他的恩德，就拜他作仓官爷爷，并在正月二十五这一天纪念他。

仓官爷爷实际上就是仓神，而仓神的原型则是天文学上所讲的仓星。后来，仓星被人格化，变成了仓神。据说因为韩信曾经做过仓官，又明修栈道、暗度陈仓，所以被称为仓神。后来，民间也把韩信称为韩王爷。在上面的故事中，面对别人的苦难，仓官出于仁爱之心，宁愿牺牲自己的生命，也要救助灾民。这就是孟子所提倡的舍生取义、杀身成仁。

小专题 1

仁爱

仁爱是儒家的核心观念。仁爱体现了人在天地万物中的地位，表现在具体行动中就是爱人爱物，实现天人合一的理想境界。忠恕之道是实行仁爱的途径。所谓"忠"，在个人发展就表现为"己欲立而立人，己欲达而达人"。

15

在家庭关系中，实行仁爱就是孝悌，即"父慈子孝、兄友弟恭、夫和妻柔"等。在社会交往中，实行仁爱就是要讲求诚信，即"朋友有信"。而在政治实现上，君主要实行仁政，即"博施于民而能济众"。所谓"恕"，就是要"己所不欲，勿施于人"。

仁爱思想标志着古代人文主义思潮的出现。在当代，仁爱思想仍然具有重要价值。在调节人际关系、树立职业道德、处理环境污染等方面，仁爱思想都可以发挥重大作用。

（二）添仓节习俗掠影

添仓，是指农家往仓房囤子里增添粮食，表达的是老百姓期盼风调雨顺、五谷丰登的美好愿望。添仓节虽说是全国性的节日，各地过节的习俗却有不小的差异。

在过添仓节时，山西人喜欢用谷面或软米面捏成仓官爷爷、谷囤、粮仓及各种家畜家禽形状的面灯若干盏。面灯里面要包上煮熟的红枣、豆子等，灯芯用细谷梗裹棉花制成。等到天黑之后，人们会在灯内注上油，然后将粮仓灯放在存粮处，将牛灯放在牛圈窗台，将鸡灯放在炕头，将狗灯放在门上边，将猫灯放在墙角等，并一一点燃。最后，人们会将仓官爷爷灯放置碗内，再把碗飘浮在水瓮内。

添仓节这一天，在有的地方，人们要用簸箕盛上草木灰，用棍棒均匀敲打，在地上撒出三环套或五环套圆圈，意为粮仓或者粮囤。讲究的人家还要在灰窖旁边，用草木灰撒画出耙子、扫帚甚至扇车等图案。然后，人们会用砖石将粮食盖住，称为压仓。最后，人们会将鞭炮点燃，让其在圈内爆响，寓意是粮食爆满粮仓。

为了预测当年的雨水如何，在添仓节这一天，有的地方要做"雨灯灯"。这些小灯是用谷面捏成的，一次要捏十二个，象征一年十二个月。每个灯都是小碗大小，每个灯顶端捏一个灯盏，灯盏的边缘要捏一个小豁口。灯盏蒸熟后，揭开锅之后，先看哪些月的灯盏里积的水最多，就证明那个月雨多。在这一预测的基础上，推断一年的收成，并妥善安排作物种植。

上述习俗都是为了祈求丰产，是一种仪式性活动。从深层次来看，这些习俗的思想根基都是天人感应。在古人看来，人类可以借助某些仪式，对神秘莫测的事物进行认知和干预。这些活动满足了人们希望风调雨顺、五谷丰登的美好愿望，体现了儒学的现实关怀。

三、春龙节

"春龙节"是在农历二月初二。中国人有"正月理发 17

死舅舅"的说法，所以人们不管有钱没钱，都要在腊月理发。在正月里，人们不会理发。到了农历二月初二，正月不理发的禁忌就破除了。传说这一天是"龙抬头"的日子。在中国人的心目中，龙是天上神物，能够呼风唤雨，造福人间。因此，人要向龙学习，在二月初二理发，希望能够消除晦气和不顺，期盼新的一年顺顺利利。另外，"二月二"也是祈求丰收的节日。在这一天，农村有吃炒干货的习惯。农谚说："二月二，炒一炒，打得粮食吃不了。"所以，在这一天，很多人家都会架起炒锅，炒点豆子、花生吃，期盼今年能够有个好收成。

小专题 2

龙抬头

按照古代的天文学，天上的星空可以分为三垣、四象、二十八宿。其中，"三垣"指的是北极星附近的区域，即紫微垣、太微垣和天市垣。其中，紫微垣是星空的中心，太微垣是三垣中的上垣，天市垣是三垣中的下垣。二十八宿分别是指：东方苍龙七宿，南方朱雀七宿，西方白虎七宿，北方玄武七宿。其中，东方苍龙七宿中的角宿就是龙头，而亢宿是龙的颈，氐宿是龙的胸，房宿是龙的腹，心宿是龙的心，尾宿、箕宿则是龙的尾巴。在农历二月初，象征龙头的角宿就出现在东方的天空中，所以称为"龙抬头"。这就是二月二被称为龙抬头的原因之一。

小专题3

四象

在古人看来，天上的星空可以划分为二十八个星宿。而二十八宿又可以分为东南西北四个区。在古人看来，东西南北中都有对应的颜色，东方对应的是青色，西方对应的是白色，南方对应的是红色，北方对应的是黑色，中央对应的是黄色。

东方的星空包含角、亢、氐、房、心、尾、箕七个星宿，古人认为它们像一条龙，把它叫作苍龙。南方的星空包含井、鬼、柳、星、张、翼、轸七个星宿，在古人看来，它们就像一只大鸟，于是把它们叫作朱雀。在西方，包含奎、娄、胃、昴、毕、觜、参七个星宿，在古人的心目中，它们就像一只老虎一样，所以叫作白虎。在北方，包含斗、牛、女、虚、危、室、壁七个星宿，在古人看来，它们就像一只乌龟，所以叫作玄武。所以四象又被加上了颜色，就变成了东方苍龙、西方白虎、南方朱雀、北方玄武。因此，四象指的是青龙、朱雀、白虎、玄武。四象又被古人称为四神兽。

19

（一）二月二的故事

关于二月二的由来，民间还流传着几个有意思的故事。一个是水生降服小龙，迫使其降雨解除旱灾。另一个是人类炒制爆米花解救因私自降雨解除旱灾而受到惩罚的玉龙。还有一个是龙女出嫁的故事。下面将重点叙述龙女出嫁的故事。

传说龙女是东海龙王的小女儿，她出生在农历二月初二。衣食无忧的她觉得龙宫生活很无趣，希望能够过上快乐有趣的生活。龙母非常疼爱这个女儿，就把她偷偷地送出龙宫，还给了她一个锦囊。有一天，她看到田里的土地已经龟裂，禾苗也都无精打采地低垂着脑袋。一个在田里耕作的青年，恳求龙女施法解除旱灾，不然无法赡养家中的老母。在自家的禾苗恢复了生机之后，他又请求龙女解救其他百姓。龙女就先后从锦囊里面抓出几把红豆撒在田地里，解除了当地的旱灾。龙女非常欣赏青年对老母的孝顺和对邻里的仁爱之心，就和他结为连理。

龙王怪妻子擅自把心爱的女儿送走，只准她在二月二这一天远望女儿。在每年的二月初二，思念龙女的龙母都会从海里出来，泪眼婆娑地眺望女儿。"女儿就是娘的心头肉。"她的眼泪就变成了二月二的春雨。民间有"春雨贵如油"的提法。在靠天吃饭的年代，春雨对于农业生产十分重要。所以，人们会在二月二祭拜龙神，祈求风调雨顺、五谷丰登。

在上述故事中，可以看出儒学的治家理念。在家庭中，严父慈母符合儒学的要求。龙母对于女儿的关心，表现了慈母对于子女的爱护。龙女的择偶观则反映了仁爱思想和孝道思想对人们的影响。而龙王不准龙母去溺爱女儿，就是一个严父的形象。虽然龙宫只是人们想象的产物，却真实反映了人间家庭的伦理要求。

（二）春龙节习俗掠影

春龙节的习俗很多，有照百虫、引田龙，又有吃馄饨、龙须面等。在衣食住行方面，民间也有一些讲究。这些讲究都体现了人们祈求美好生活的愿望。

1. 照百虫

二月二正好是惊蛰前后，气温、地温逐渐升高，春雷已在天空炸响。此时，在土中蛰伏的各种动物也开始复苏，农耕也开始提上日程。虽然这些动物还没有对人类造成伤害，但是人们本着居安思危的原则未雨绸缪。

为了减少害虫对人类生产、生活的危害，按照过去的习俗，在这一天，人们会打着灯笼照房梁。在照房梁时，嘴里还要念叨："二月二照房梁，蝎子蜈蚣无处藏。"此外，儿童会打着灯笼照炕沿、墙根等处，希望能够驱除毒虫，一年平安。例如，在扬州等地，人们会打着灯笼照耀家中各处，杀灭毒虫，并把这种仪式称作"照百虫"。

2. 引田龙

春龙节还有一种比较常见的习俗叫"引田龙"。这一天凌晨，北方人会趁天还没亮时打着灯笼到井边或河边挑水，再把草木灰、谷糠等物沿路撒落，直到家里的水缸边，回到家里还要点灯、烧香、上供。按照老人们的说法，这种仪式叫作"引田龙"。为了祈求风调雨顺，人们还会在这一天舞龙灯。

3. 讲究和禁忌

春龙节这天，北方有些地区的餐饮也有讲究：早餐吃年糕和猪头肉，午餐吃春饼、炒豆子。妇女不能缝补衣服，是怕针刺伤龙眼。这一天，吃的春饼叫龙鳞饼，吃的饺子叫龙牙，吃的鸡蛋叫龙蛋，吃的面条叫龙须面，吃的米饭叫龙子，吃的馄饨叫龙眼。在这一天，北京人有吃驴打滚的习惯。可以说，这一天的很多事情都是和龙有关的，这些做法体现了人们对龙神的尊重。之所以会有这些禁忌和讲究，就是怕触怒龙神，影响风调雨顺、五谷丰登。

在上述习俗和禁忌的背后，都有儒学的影子。以禁忌为例，这些禁忌只是在二月二当天有效，也说明古人平日里对鬼神敬而远之，过好自己的生活；等到节庆时刻，隆重祭拜鬼神。这不就是孔子所说的"敬鬼神而远之"吗？而照百虫主要是担心百虫伤害人们身体、破坏生产，体现了居安思危的观念。所以，习俗背后的儒学真可以说是"百姓日用而不知"了。

春龙节的影响很大。唐朝大诗人白居易有诗说："二月二日新雨晴，草芽菜甲一时生。轻衫细马春年少，十字津头一字行。"在北方地区，民间流传着"二月二，龙抬头；大仓满，小仓流"的民谚。直到今天，人们还在体味二月二的故事，品尝着二月二的食品。

四、分龙节

分龙节是流行于我国大部分地区的节庆，是汉族、毛南族、畲族的传统节日。各地的分龙节日期差异很大，有的地方是正月二十九、三十，也有的地方是五月二十或者五月二十三。这一时节，雨水较多，古人认为这是龙分头去行雨的日子，所以叫作分龙节。

（一）分龙节的由来

分龙节的由来有两个传说。一个是分龙节这天，小龙要离开老龙，到自己管辖范围内，去兴云布雨。小龙不忍离开父母，所以流下了离别的伤心眼泪。分龙节的雨水就是小龙的眼泪变成的。从这一故事中，我们可以感受到儒学所重视的孝道和浓重的家庭亲情。另一个是说，在华夏大地上，东西南北中各有一条龙来管辖，分别是赤龙、黄龙、青龙、白龙和黑龙。从秋收到开春这段时间，龙王们要到地下蛰伏休整。到了第二年的春天，龙王们从睡梦中醒来，就会开始分头行动，去自己管辖的地区降雨。所以，民间就把龙王分头行动的日子叫作分龙节。

上述两个故事，无论是小龙还是龙王，都以降雨为己任。即使不愿意和父母分别，小龙们还是毅然决然地去降雨。孔子说："不在其位，不谋其政。"意思是说人应该做好自己的本职工作，不要干涉超出自己职责范围的事情。小龙们的行动完美地诠释了这一思想。汉代儒家学者王符提出 "君子任职则思民利"，意思是说做官要忠君爱民。同样，龙王们的行为，也体现了儒家所提倡的"为民兴利除害"。总之，这两个故事体现了"君子思不出其位"的道德要求。

（二）分龙节的习俗

传统上，各地都要在分龙节这一天举行拜龙王、祈雨的活动。在畲族地区，人们会携带自己生产的物品到集市上进行交易，并互相交流生产技术，青年男女则忙着谈恋爱。毛南族则把分龙节叫作五月庙节。在这一天，人们喜欢蒸五色糯米饭和粉蒸肉，并把五色米饭捏成饭团立在竹桠和柳枝之间，祈求当年五谷丰登，硕果累累。青年男女也在这一天谈情说爱。当地民谣"五月分龙是端阳，哥妹同来祭龙王。今年哥妹同排坐，明年哥妹进洞房"，反映的就是分龙节的盛况。

这些习俗反映了人们对于丰衣足食的热切期盼，对于人类交往、繁衍的重视。对丰衣足食的期盼，来自儒学对于现世生活的重视；而对于人类繁衍的重视，则体现了儒家所倡导的"不孝有三，无后为大"。总之，在分龙节的习俗中，可以看到儒学的诸多影响。

五、乞巧节

"男耕女织，夫唱妇随"是中国人的真实写照。在农耕社会里，老牛就是家里最重要的家当。男人要像牛郎一样耕田，女人要像织女一样织布。所以，女人们希望自己

25

心灵手巧，提高织布的数量和质量。为了实现这一目的，中国人会在乞巧节这一天向织女祈求灵巧、聪慧和美满姻缘。乞巧节是在农历的七月初七，又叫七夕节。说到乞巧节的来历，就得说到牛郎和织女的故事。

（一）牛郎会织女

由于父母死得早，牛灵儿和兄嫂在一起生活。嫂子很嫌弃他，把他赶出家门去放牛。在伏牛山里面，他悉心照顾一头生病的老牛，并把它带回家。在分家时，灵儿得到了老牛和破车。人们称他为牛郎。在老牛的指点下，灵儿和织女相识相爱。到了七月初七，老牛拉着牛郎来到天上迎接织女，顺便拉回了织布机、蚕篮、梭子等物品。

织女心地善良，积极教导当地百姓养蚕、缫丝和织绸缎。夫妻俩还生了一男一女两个孩子。织女私自下凡成亲的事情被发现之后，王母娘娘大发雷霆，强行把织女拉回天上。牛郎马上带着孩子上天追赶。眼看就要赶上了，王母把头上的簪子拔下来变成了天河，彻底把织女和牛郎隔开。玉帝知道之后，非常同情织女和牛郎。于是，他下令二人可以在每年的七月初七在喜鹊搭成的鹊桥上相会一次。

在先秦时期，牛郎和织女只是天上的两个星神，还没有人的灵性和感情。到了汉代的传说中，它们才有了人的感情。此时，牛郎和织女的爱情关系、天河阻隔和七夕相会等情节已经完备。到了魏晋时期，牛郎星则变成了放牛娃或是卖身葬父的穷小子，星神之间的思念变成了人和神之间的爱恋。在故事转变的过程中，儒家以人为本的观念起到了重要的作用。

在故事中，织女的思凡下界，反映了中国人对于俗世生活的看重；而她的热心助人，则反映了仁爱思想在民间的影响。在森严的天条和父女亲情之间，玉帝既照顾了前者的要求，又对女儿的幸福做了安排。他的做法是原则性和灵活性的完美统一，体现了传统易学中的变通思想。因此，玉帝的做法值得人们思考和学习。

七夕今宵看碧霄，牵牛织女渡河桥。
家家乞巧望秋月，穿尽红丝几万条。
——〔唐〕林杰《乞巧》

（二）月下乞巧

现在，人们把乞巧节（七夕节）称为中国情人节。乞巧节是女儿节，是姑娘们的社交节日。在历史上，这一天姑娘们要在院中桌上摆设瓜果，还要在织女的见证下比试手艺。常规的比试节目是穿针引线，速度最快者获胜。此外，这一天还是青年男女鹊桥相会的好日子。

上述乞巧活动，都是用姑娘们喜闻乐见的形式来吸引她们提高生产技能，进而提高生产效率。从形式繁多的乞巧活动背后，我们可以看出人们对于农业生产的关切。而这一关切的思想根源则是儒学对现世生活的关注。

六、九九消寒图

为了表示勤奋，古人有"冬练三九，夏练三伏"的说法。这儿说的"三九"就是一年里面最冷的日子。北京地区，过去有一首九九歌。歌中唱道："一九二九不出手；三九四九冰上走；五九六九沿河看柳；七九河开八九雁来；九九加一九，耕牛遍地走。"这首歌谣唱出了从寒冷的冬天到温暖的春天的转变。为了提醒农民把握农时，古人专门制作了九九消寒图。

九九消寒图的制作大致有三种样式，即文字、圆圈、梅花。采取何种形式的消寒图，既要看主人的喜好，更要看家里的经济实力和文化水平。

圆圈形式的消寒图是最简单，图上有纵横各九格共八十一个格子。在每个格子中间，人们还会画上一个圆圈。从冬至这一天开始，每天涂黑一个圆圈，叫作画铜钱。在画铜钱时，还有讲究。民间歌谣里面说："上阴下晴雪当中，左风右雨要分清，九九八十一全点尽，春回大地草青青。"

与圆圈样式的消寒图相比，文字形式的消寒图则比较文雅。首先是画九格，然后，选择九个笔画数为九划的汉字。在清代时，九个字是"亭前垂柳珍重待春風"。在数九寒天，每天写一笔。等到九个字都写全了，九九也就过去了。在过去，有的小学老师会要求学生画消寒图。首先，学生要查字典，找出一些笔画为九笔的汉字，然后再挑出九个字连成一句话。学生完成作业后，教师会根据他们的表现进行点评。

说起来，在文字、圆圈、梅花三种形式的消寒图中，梅花形式是最文雅的。这种消寒图上有八十一格，每格里面画着一朵梅花。每天早上，女主人梳洗打扮之后，用胭脂染红图上的一朵梅花。等到九九八十一朵都染红了，数九也就结束了。

　　九九消寒图既是记载进九以后天气阴晴的"日历"，用以预卜来年丰歉，也是富贵人家消磨寒冬的娱乐活动。此外，消寒图也变成了教师寓教于乐的教学手段。消寒图反映出古人对于农时的重视，透显出儒学对农业生产的重视。在今天，尽管用九九消寒图进行气象预报的做法已经不多见了，可是它所体现的重农思想仍然值得我们重视。

七、小结

　　综上所述，生产类节庆体现了儒学对于农业生产的重视和对现世生活的关切。与道家和佛家相比，儒学非常重视"时"。在具有明确时间、丰富习俗的生动形象的节庆中，儒学的现实关切、人文关怀和重农思想都得到了落实。通过吸收儒学的营养，生产类节庆也变得内涵丰富、生动形象，起到了很好的劝谕效果。总之，儒学思想和生产类节庆之间实现了良性互动和相互促进。

第三章

纪念类节庆倡导忠孝

《左传》记载"国之大事，在祀与戎。"在古代人心目中，祭祀是大事。在儒家看来，祭祀时，祭祀者的虔敬之心比丰厚的祭品更重要。因此，在《论语》中，孔子说："祭如在，祭神如神在。"在《易经》中，也记载有"东邻杀牛，不如西邻之禴祭"。有些学者认为，东邻指的是纣王，西邻指的是文王。在《周易》作者看来，纣王杀牛来祭祀的效果，远远不如文王拿几片菜叶子来祭祀。原因就在于文王施行仁政，而纣王凶残暴虐。

中国古代的祭祀很有讲究，不但有一年四季的时祭，而且有节庆祭祀等。从思想上看，这些祭祀大都表现了"报本返始、慎终追远"的儒家思想。按照中国人的习俗，清明节、中元节要祭祖，端午节要纪念屈原、吃粽子、赛龙舟。由于这些节日都具有浓厚的祭祀、纪念类色彩，所以我们把它们统称为纪念类节庆。

纪念类节庆又可以分为祭祀祖先、纪念英雄人物、祭祀神祇三类。在纪念类节庆中，"祭祖"的次数要明显多于纪念英雄人物，反映出来古人对孝道的重视。所谓"孝"，按照儒家的说法，包括生养、死葬和祭祀三个方面。所谓"生养"，就是在父母活着时悉心奉养，让他们衣食无忧、安度晚年。所谓"死葬"，就是在父母去世后按照礼仪和规范，让他们的遗体入土为安，免遭虫蚁的侵害。在为父母守孝期间，官员要回老家为父母守孝，子女不能婚配。所谓"祭祀"，就是要在清明、中元等节日和父母的忌日，对祖先予以诚心祭祀。

在道德上，古代以孝治天下，讲求"家国同构、忠孝一体"。在家庭内部，儒家最强调的是孝敬父母，同时又提倡"父慈子孝、夫和妻柔、兄友弟恭"。儒家学者的这一做法体现了他们所推崇的爱有差等、推己及人的伦理安排。在国家内部，儒家最看重的是气节，倡导的是个体对国家的忠诚。在忠孝不能两全时，儒学提倡以忠为主。因此，《孝经》中提倡的"家国同构、忠孝一体"思想得到了统治者的推崇和推广。在传统节庆中，这一思想也通过纪念屈原等英雄人物而得以落实。此外，至于在节庆时节祭祀神祇，则反映了儒家专注日常生活、提倡"敬鬼神而远之"的思想。

小专题4

孝悌

儒家历来重视孝悌。所谓"孝"即是孝敬父母，体现了对父母养育之恩的感恩和报答；所谓"悌"即是对兄弟姐妹和朋友的爱。孝悌体现了儒家提倡的仁爱思想。为了说明孝悌的观念，儒家学者还撰写了一本名叫《孝经》的典籍，唐明皇李隆基曾经注解过此书。

就"孝"而言，它包括三个层次，即《孝经》所说的"始于事亲，中于事君，终于立身"。在事亲方面，又包括生时的奉养、死后的安葬和虔诚、持之以恒的祭祀三个层面。为了实现持之以恒的祭祀，就要在自身去世之后，由子孙传承香火，保持祭祀绵延不绝。所以，儒家有"不孝有三，无后为大"的说法。在事君方面，做人就是要忠君爱民。在立身方面，一个人首先要学会做人，还要努力打拼，争取能够出人头地、光宗耀祖。

在历史上，孝悌观念影响很大，民间曾经有二十四孝的传说。在法律上，"不孝"是"十恶不赦"的重罪。直到今天，孝悌仍是处理家庭关系的重要规范。

一、祭财神

拜财神是中国人特有的春节习惯。大江南北，人们大都会在正月初五祭拜财神。这一天，人们会打开大门和窗户，燃放爆竹，迎接财神的到来，祈求自己一年财源广进。说到财神，又有正财神、文财神、武财神等的区分。

在具体供奉时，一般是正财神居中，文财神居左，而武财神居右。说到财神的来历，上面三位财神都有一些讲述他们由来的故事。下面，我们就来看正财神的由来。

传说在很久以前，天上有十个太阳，后羿射下来九个。这九个之中，八个掉到了海里，成为"八仙"。另一个就化身为财神赵公明。在《封神演义》中，赵公明帮助商朝抵御周军的进攻，结果被姜太公杀死。在封神时，赵公明被封为财神。按照民间的说法，赵公明负责驱除疾病和瘟疫，除掉暴虐和灾祸。面对人间的冤屈，他会为弱者主持公道。当然，他最重要的职责还是在正月初五到人间发放财宝。

在上述三位财神之中，赵公明既可以驱除疾病和灾祸，又可以让人发财，所以受到敬奉。比干由于为人正直，不会偏心，又是文曲星，所以人们把他尊为文财神。而说到武圣关羽，他一生忠义勇武，讲究信义，不为财色厚禄所动。至于他掌管命运财富、科举运程，能够治病除灾、祛邪辟恶，则是民间的演绎了。所以，关羽成为武财神，也是后人赋予他的新角色。由此可见，在扩充财神人数的过程中，正直无私、讲究信义等儒家思想观念起到了决定性的作用。

前面已经说到民间接财神往往是在正月初五，也有的地方是正月初二接财神。按照民间的说法，水就是财，挑水就是求财。所以，在正月初二的早上，晋南地区的人们有到路边挑水回家的习俗。按照当地的说法，水桶里面的水越满，代表今年的财运越好。另外，在来回的路上，挑水的人不能和别人说话，否则就不灵验了。

二、花朝节

花朝节是人们祭祀花神的日子，一般是在农历二月十五，也有的地方是二月初二或者十二。清代诗人蔡云的《咏花朝》反映的就是花朝节春暖花开的节日景象，诗中这样写："百花生日是良辰，未到花朝一半春。万紫千红披锦绣，尚劳点缀贺花神。"关于花朝节的由来，除了下面这个故事之外，民间还有武则天命令宫女采花、盘古女儿撒花种被封为花神和善养花的女夷被封为花神等传说。此外，说到花神，古人还有百花仙子、汉惠帝皇后张氏、十二花神等各种说法。

话说在唐代天宝年间，花迷崔玄微的花园里迎来了一群由花神变成的美女。她们对他说："现在已经是二月份。我们是天上的花神，本应怒放枝头。无奈风神封姨横加阻拦。听说你爱花如命，所以特别来请你帮忙。"崔玄微一听非常着急，连忙聆听应对之道。到了二月十二夜里五更，他把画满日月星辰的彩帛缠绕在花枝上。虽然当夜狂风大作，可是崔玄微家的鲜花没被吹落一朵。与此同时，别人家的鲜花则被吹得洒落一地。第二天，邻居纷纷到崔家询问缘由。后来，他们纷纷学习崔玄微的护花之道。于是，这一节日就被人们叫作花朝节。

因为爱养花草，崔玄微赢得了花神的信任。人和花之间之所以会建立这一信任，是因为古人有天人合一的观念。按照儒学的这一观念，天地山川都是有灵性的，人类可以和它们进行感应和交流。这一观念体现了儒家对自然规律的尊重，有助于我们维护生态平衡。

花朝节的节日习俗有很多，人们会在这一天制作花糕、游春踏青和栽花种树。有的地方会召开祭祀花神的庙会，还会晾晒种子预卜今年的收成。在古人的心目中，花神是主管生育之神。古人云："不孝有三，无后为大。"所以，古人祭祀花神，主要是为了祈求家族人丁兴旺。

三、清明时节话祭祖

清明节是中国三大传统鬼节之一，历代文人墨客写了很多描写它的诗词。唐代诗人杜牧的"清明时节雨纷纷，路上行人欲断魂"，可以说是最有名的一句。清明时节，古人不但要上坟祭祖，而且要禁烟火、吃寒食。关于清明的来历，说法有很多。其中，最有名的无疑是介子推的故事。

（一）介子推的故事

在跟随晋文公重耳逃难时，介子推曾把自己腿上的肉割下来一块熬成汤给重耳充饥。晋文公回到晋国做了国君之后，开始论功行赏。很多人都得到了封赏，唯独遗漏了介子推。介子推是个淡泊名利、极其孝顺的人。他并没有怪罪晋文公，而是背起母亲来到绵山归隐山林。不久之后，有人为他抱屈。晋文公就想请他回来做官。但是，介子推婉言谢绝。有人提议在绵山上放火，逼他携母下山。可是，直到大火熄灭，介子推也没下山。

不久后，人们在一颗烧焦的柳树下发现了母子二人的尸体。在柳树的树洞里面，有人还发现了介子推留下的一首诗。在诗歌中，介子推期盼晋文公能够勤政爱民，让晋国政治清明、民富国强。为了感恩介之推的功劳以及表达愧疚之情，晋文公命令民间在这一天不许动烟火，只许吃寒食。

上述介子推故事的形成，也曾经历了长期的演变过程。在春秋时期，介子推只是一个忠心事主的忠臣和洁身自好的隐士。到了战国时期，割肉奉君、被火烧死、归隐介山等情节开始出现。到了汉代，他不愿求而后得的气节得到突出。到了南宋时期，他的极度忠诚、被焚时的惨烈形象愈加突出。至此，这一传说才日臻完善。在君主落难时，介子推忠心事主、没有二心；在君主返国后，他急流勇退、不贪名利。这就是儒家所讲的"国难见忠臣"。他的忠君爱民、辞禄归隐、功成身退、忧国忧民、孝顺母亲，都体现了儒家思想对于官员的道德要求。

（二）寒食节的习俗

唐代诗人韩翃曾经写过一首名叫《寒食》的诗歌，诗歌中写道："春城无处不飞花，寒食东风御柳斜。日暮汉宫传蜡烛，轻烟散入五侯家。"这首诗写的就是仲春时节杨花飞舞，时人过寒食节的情景。寒食节是古代的重要节日，时间一般是在清明之前的一两天。这段时间，家家户户不许烧火做饭，只许吃事先做好的枣饼、糯米糖藕等冷食，所以叫作寒食节。

寒食节的习俗很多，比如扫墓、插柳、踏青、荡秋千等。在山西介休，人们会用面粉和枣泥混合起来，制作成燕子的模样，起名为子推燕，以纪念介子推忠君爱民、急流勇退的精神。唐代诗人韦应物曾经写过"清明寒食好，春园百卉开"的诗句。白居易也写过"乌啼鹊噪昏乔木，清明寒食谁家哭"的诗句。由于寒食和清明离得非常近，所以后来两节逐渐合一。

寒食节的习俗体现了后人对于介子推高尚精神的纪念。孟子说："富贵不能淫，威武不能屈，贫贱不能移，此之谓大丈夫。"介子推宁肯被烧死也不改变自己的志向，真是孟子所说的大丈夫啊。即使在今天，介子推忠君爱民、不慕名利的精神，也值得中华儿女学习。当然，在现代社会，皇帝已经成为历史名词。但是，我们依旧需要爱国精神。

小专题 5

尸

"尸位素餐"，讽刺的是空占着职位却不努力工作的人。这儿所说的"尸"，来自祭祀。在祭祀已经过世的父祖时，古人会选择一个人装扮成死去的父祖模样，坐在椅子上接受人们的拜祭。这个扮演父祖模样的人就叫作"尸"。在祭祀时，尸只需要端坐着即可。在《礼记》中，有"坐如尸"的说法，意思是坐要有坐相。在选择"尸"时，孙子可以充当祭祀祖父的尸，儿子却不行。原因是按照古代的宗法制度，始祖庙居中，以下为左昭、右穆，父昭、子穆，而孙又为昭。由于孙子和祖父同为昭，所以孙子可以担当祖父的"尸"。此外，"尸"还有神主的意思。在古代，神主是用木头、石头等做成的写有死者姓名以及生前官职荣衔等用以供奉祭祀的神位。在民间，人们又把神主称作祖宗牌位。

四、端午时节赛龙舟

　　说到端午节的由来，民间有不少说法。有人说是为了纪念自沉汨罗江的屈原，唐代诗人文秀就有"节分端午自谁言，万古传闻为屈原"的诗句；也有人说是为了纪念舍身寻父的孝女曹娥。下面，我们要讲到关于端午节来历的另一种说法。

　　春秋战国时，伍子胥的父亲被楚平王杀害，只身逃到吴国。之后，他帮助公子光当上了吴国国君。为了造福吴国百姓，他指挥士兵用蒸熟的糯米压制成城砖，再用这些砖块砌成城墙。他之所以要这样做，只是希望遇到战事的吴国百姓可以挖砖充饥。在吴王的支持下，伍子胥和兵圣孙武齐心协力，带兵攻入楚国都城。后来，吴国又打败了宿敌越国，伍子胥建议吴王夫差杀掉越王勾践，却没有得到吴王的采纳。

由于受到奸臣的诋毁，伍子胥被吴王赐死。在五月五日，他的尸体被人用皮革包裹起来，投入了滔滔江水之中。吴国百姓同情伍子胥的遭遇，就制作粽子投入水中，希望吃饱的鱼虾不会吞食他的遗体。此外，为了纪念伍子胥操练水军，人们也会在端午节赛龙舟。

与前面提到的介子推相似，伍子胥的人格形象也是逐渐丰满起来的。在战国初期，伍子胥只是一个性格坚韧、智谋过人、忠心正直的人。到了战国后期，民间传说里增加了他鞭坟复仇、理政治兵等细节，又突出了他知恩图报、敏捷机智的人格特点。到了汉代，这个人物形象更加丰满，故事脉络更加合理。在此过程中，知恩图报、忠孝、谨慎等儒家品德被逐步灌注到他的身上。

端午节纪念屈原或伍子胥，表达了人们对于他们身上的赤胆忠诚、忧国忧民等道德情操的敬仰。在这两位英雄人物的身上，儒家倡导的"舍生取义""重义轻利"等思想都得到了完美体现。而纪念孝女曹娥，则更加直接地说明了人们对于儒家所倡导的孝道的认同。

五、中元节追忆先人

按照道教的说法，一年之中有"上元、中元、下元"三元，分别用来祭祀天官、地官和人官。在三元中，中元就是七月十五。因此，"中元节"即在七月十五，它又被称为鬼节或者盂兰盆会。说到中元节的由来，我们就不得不提起目犍连救母的故事。

佛陀弟子目犍连是一个非常有孝心的人。有一天，他用神通看见已经去世的母亲正在饿鬼道中受苦。原来，他的母亲在世时贪念过多；所以，在去世后，她就轮回进入饿鬼道。目犍连感同身受，就用自己的神通变出食物送到母亲嘴边。谁知，他的母亲在此时仍有贪念。于是，食物一到她的嘴里，就变成了火炭，让她无法下咽。目犍连非常着急，就去向佛祖请教。佛祖告诉他，目犍连需要在七月十五供养十方僧众，借他们的力量才能将母亲救出苦海。在众人的帮助下，目犍连终于把母亲救出苦海，送入西方极乐世界。中元节、盂兰盆节、鬼节等都是从这一故事中衍生出来的。

目犍连救母的故事来源于佛教，因其强调劝人向善、劝子行孝而被国人传诵。在流传过程中，人们强调了佛祖的力量和地狱的苦难，意在强化劝善的效果。此外，关于中元节的来历，民间还有一个地藏菩萨徇私救母出地狱的传说。目犍连借助众人的爱心，帮助母亲脱离苦难。与目犍连不同的是，地藏宁愿徇私情，也要把亡母从地狱中解救出来。这一故事和孟子讲的大舜携父逃亡的故事可谓异曲同工。可见，在目犍连救母和地藏救母的故事中，最受中国人推崇的还是儒家的孝道思想和仁爱思想。

在中元节，家家户户都要上坟烧纸，祭祀祖先，有的地方还要放河灯。在清代，诗人庞垲用"万树凉生霜气清，中元月上九衢明。小儿竞把清荷叶，万点银花散火城"的诗句，描写了中元节的盛况。即使到了今天，人们依然会在中元节这一天上坟烧纸、祭拜祖先。就连远在他乡的游子也会在路边画个圈圈，并在圈里焚烧纸钱，以此来遥祭去世的亲人。

六、中秋拜月

在我国，中秋节祭拜月神有着悠久的历史。早在周朝，帝王就有春分祭日、夏至祭地、秋分祭月、冬至祭天的习俗。官方祭拜月神，表现了人类对天地万物的尊重。到了明清时期，京城里面修建了月坛，专门用来给皇帝祭拜月神和其他星辰。在民间传说中，如果一个人祭拜月亮，就可以得到月神的庇佑。

说到中秋拜月，就不能不提到两个名人。一个是丑女无盐，另一个是美女貂蝉。两个人虽然相貌差异很大，可是她们都曾经诚心拜月。人们讲述貂蝉拜月的故事，主要是为了凸显她"沉鱼落雁、闭月羞花"的美貌。而说起无盐的拜月，则是为了显示她身上的贤惠、善良、仁慈的女性美德。

传说无盐姓钟离，名春，是齐国的一个丑女。她幼年时曾经祭拜月亮。后来，由于她的正直、善良和贤惠，而被选入王宫。然而因为面貌丑陋，她始终未得到皇帝的宠幸。有一天，齐王在月光下看到无盐，觉得她美丽异常，就把她立为王后。她曾经当面指斥齐王荒淫无道，使其幡然悔悟。此事传到民间，女孩们纷纷在中秋节拜月，祈求月神让自己更加漂亮。

无盐虽然相貌丑陋，但是她具有贤惠、善良等诸多美德。在古人看来，男主外、女主内是天经地义的事情。在《周易·家人卦》中，就有"男正位乎外，女正位乎内"的说法。在儒家看来，男人外出赚钱养家、女人相夫教子是理想的家庭分工。这是在农业社会依靠男女的生理特点来进行的分工，有一定的历史价值。在今天，男外女内的分工已经不是社会主流了；而夫妻在经济上、生活中共同努力、相互扶持，已经成为人们的共识。

中秋拜月既是为了祭祀月神，又是为了享受天伦之乐。在拜月之后，人们喜欢吃月饼和葡萄、苹果等食品。在吃月饼时，老人们会向小孩子讲述嫦娥奔月、玉兔捣药等故事。在欢声笑语之中，长辈们潜移默化地就把儒家的家庭伦理观念传递给了孩子们。

七、寒衣节

清明节、中元节和寒衣节并称三大鬼节。在过寒衣节时，人们要给去世的亲人烧纸衣，帮助其度过寒冷的冬季。对于活着的人来说，寒衣节是试穿冬衣的时节，有些父母会给远在他乡的子女捎去冬衣。

说起寒衣节的来历，民间既有朱元璋授寒衣和红豆糯米饭给下属的传说，又有蔡伦的嫂子假托烧纸可以给去世的亲人送钱和因纪念被地主残害的放牛娃而吃红豆饭等故事流传。除此之外，民间还有孟姜女为丈夫送寒衣的凄婉故事。在这里，请随我了解孟姜女送寒衣的故事。

秦始皇统治时期，孟姜女的丈夫范喜良被秦兵抓去修长城。一连几年，她都没有得到丈夫的任何消息。于是，她就带着做好的冬衣，出发去长城寻找丈夫。一路上历尽千辛万苦，她终于到达了目的地。谁知，她却得知丈夫已经在一年前累死在工地上了，就连他的尸体也被埋在长城之中了。孟姜女悲痛欲绝，边哭边用手拍打城墙。忽然，城墙倒塌了，很多白骨也露了出来。孟姜女不知道哪些是她丈夫的，就把带来的冬衣烧掉了。没想到，烧掉的冬衣灰烬全都盖在了丈夫的尸骨之上。这一天正好是农历十月初一。后来，人们就在这一天给死去的亲人烧寒衣。

孟姜女形象的转变，经历了齐国大将杞梁妻、孟仲姿和孟姜女三个阶段。这一转变是和南北朝时期徭役繁重、大修长城的现实背景紧密相连的，反映了人们反抗暴政的愿望。在上面的故事和习俗的背后，我们可以看到活人对于死去的亲人的眷念之情，还可以看到人们对于远方的亲人的悲悯之心。烧寒衣给故去的亲人，就是为了给他们送去温暖，体现的是儒家提倡的"事死如事生，事亡如事存"的孝道。而皇帝给臣下授寒衣，体现的则是明君对于臣子的关爱。所以，在寒衣节的故事和习俗中，儒家倡导的忠孝都得到了淋漓尽致的体现。

八、小年祭灶神

腊月二十三是小年，民间有祭灶王爷的讲究。在祭灶时，年糕、糖瓜之类的甜食是必备品。祭拜灶王爷，既反映了人们对于饮食和身体健康的重视，又体现了人们希望家和万事兴的美好愿望。说起灶王爷的来历，民间有燧人氏、火神、苏吉利、张单和张生休妻等说法。此外，在有的地方还流传着这样一个故事。

从前，有户张姓人家有两个儿子。老大掌握泥水匠手艺，经常帮别人垒灶；老二是个画师，一心扑在绘画上。张老大是一家之主，主管家中大小事务。在帮别人垒灶台时，他经常热心地调解婆媳矛盾之类的家庭纠纷。乡亲们对他很感激，就尊称他为"张灶王"。有一年腊月二十三的深夜，七十岁的张灶王无疾而终。在他突然撒手人寰之后，子侄媳妇们都嚷着要分家。

为了掌控家中状况，在第二年的腊月二十三的深夜，张老二悄悄地把一幅张老大穿着官袍的肖像贴到了灶房的墙上。随后，张老二把全家人叫到灶房，指着墙上的灶王爷神像告诉大家："我梦见大哥已被玉帝封为灶王爷。他不但主管一家的饮食和健康，而且要记录每家每户的善举恶行。每年腊月二十三，他就会上天奏明玉帝。在大年三十晚上，玉帝就会派人到下界赏善罚恶。"听完他的话，子侄媳妇们都很害怕，都表示要痛改前非，恳求灶王爷宽大为怀。此后，民间就逐渐形成了小年祭灶的习俗。

早期的灶神来源于人们对火的自然崇拜。到了后来，灶神逐渐成为督察人间过错，专向天帝打小报告的神灵。在上述故事中，儒家"家和万事兴"的观念有明显的体现；而玉帝赏善罚恶的依据，也是儒家所倡导的孝悌观念。由此可见，灶神的演变受到了儒学思想的很大影响。

九、小结

综上所述，通过祭祖等形式，儒学的"报本反始"和"敬鬼神而远之"等理念得到了有效落实。在纪念类节庆的生活实践中，中国人既报答了祖先的恩德，又强化了个体的归属感。可以说，祭祖体现了中国人的历史意识和家族意识，实现了中国古人的终极关怀。与此同时，通过纪念英雄人物，儒家提倡的"家国同构、忠孝一体"思想也得以落实。而祭祀神祇，则反映了人们祈求祖先保佑、平安长寿的愿望。在今天，如果我们要继承和弘扬此类节庆，就不可忽略它背后的儒学内涵。

第四章

祈福类节庆反映忧患

在医疗技术不发达的古代，人们对于生命的奥秘知之甚少。所以，对于疾病困厄等不幸遭遇，人们都认为神秘莫测。因此，人们把导致不幸的因素都统称为邪气和灾难。面对这些不利因素，中国人并没有坐以待毙，而是以自强不息、乐观向上的人生态度去积极应对。这一寻求应对之策的努力，既来自人们乐天知命的人生观，又体现了儒学所提倡的现实关切和忧患意识。

儒家并不重视死后的世界，而是要求人们乐观自信地过好眼下的生活。对于来世，儒家并不重视。有人问孔子死后的世界是怎么样的，孔子回答说："未知生，焉知死。"意思是说，在还没有搞清楚怎样生活的情况下，先不要关注死后的世界。可以说，儒家关心现世生活甚于来世生活。在今天，我们可以把这一关心称为现实关切。

面对眼下生活中的不测因素，很多人喜欢遵循儒学提倡的忧患意识来乐观自信地寻求解决之道。忧患意识来自《周易》，就是要人们居安思危，如此才能有备无患。在做好预防措施的同时，人们还需要提高道德修养。在儒家看来，这样就可以逢凶化吉。这一思想反映到节庆中，就表现为乐观自信的祈福类节庆。此类节庆包括清明、端午、重阳等，都是为了祈求身体健康、平安快乐。所以，我们把它们统称为

51

祈福类节庆。在这些节庆中，儒学重视生命、乐观向上的人文关怀和浓重的忧患意识得到了反映。

一、春节挂门神

在中国，门神是人们熟知的避邪之神。每到春节前夕，人们都会到集市上购买门神画。门神一般是左右两个武将，在两扇门上一边贴一个，相对而立共同保佑家宅平安。在诸多门神之中，最古老的是神荼和郁垒，最有名的则是秦琼和尉迟敬德，而最刚猛的则是钟馗。说到祛邪祈福，神荼和郁垒最具有代表性。

（一）神荼和郁垒

据说，在苍茫的大海之中，有一座名叫度硕山的仙山。山上长着一棵大桃树，树干很茂盛，绵延三千里。树顶上有一只金鸡，每天早晨它都会打鸣报晓。在树干的东北部，有一处树枝蜿蜒低垂，就像一座大门一样。门边站着两个神仙，一个叫神荼，一个叫郁垒。

在度硕山上，还住着各种妖魔鬼怪。妖魔鬼怪要出入都必须经过两位神仙把守的大门。夜晚外出游荡的鬼魂要在金鸡报晓之前赶回来，否则就会魂飞魄散。这时，郁垒和神荼就会对他们进行审查。如果有哪个鬼晚上做了伤天害理的事情，两位神仙就会把他们抓起来，用芦苇做的绳索捆起来去喂老虎。因此，神荼和郁垒就成为中国最早的门神。

在上述故事中，门神审查鬼魂的依据就是其是否做过伤天害理的事情。而这儿所说的天理是儒家的重要观念，表现的都是儒家提倡仁义、忠孝等伦理道德。在人们的心目中，天神会赏善罚恶。所以，门神可以说是践行儒家思想的典范。

（二）桃符的演变

春节期间，古人喜欢用桃木刻上神荼和郁垒两位神仙的图像，挂在门上用来避邪，这便是后人所说的桃符了。宋代诗人王安石在《元旦》一诗中描写了宋代人挂桃符的情况："爆竹声中一岁除，春风送暖入屠苏。千门万户曈曈日，总把新桃换旧符。"后来，桃符逐渐演变成春联。春节除了贴春联之外，在很多地方，人们还会在粘贴门神画。

门神画的范围很广，远远超过上面所说的几位。就各地而言，不同地方的门神也有很大差异。例如，河北人喜欢马超、马岱，而北京密云则供奉穆桂英和杨宗保。不管门神是谁，都代表了人们心目中对于幸福平安的不变追求。

爆竹声中一岁除，
春风送暖入屠苏。
千门万户曈曈日，
总把新桃换旧符。
——王安石《元日》

二、人日节

人日节是在正月初七，又叫"人胜节""人庆节"等。人日节这一天，有的地方习惯吃面条，意思是期盼全家人健康长寿；有的地方会吃"七菜羹"，表达的是人们丰衣足食、美满幸福的良好期盼。

说起人日节的来历，就要说到盘古开辟天地和女娲造人。这两个故事大同小异，说的都是神仙开天辟地、造就万物的事情。下面，我们就来了解一下盘古开天辟地的故事。

在远古的时候，天地之间一片混沌，阴气阳气混在一起。后来，大神盘古诞生了。他用一把巨斧向混沌劈去，结果阳气上升为天，阴气下沉为地。一万八千年之后，盘古开始造物。在正月初一这一天，他造出了鸡。接下来，在从初二到初八这几天，他又依次造出了犬、猪、羊、牛、马、人、谷。从此，人类开始了自己的生活。为了纪念盘古的功绩，古人会在初一到初八这几天分别祭祀鸡、犬、猪、羊、牛、马、人、谷。由于正月初七是盘古造人的日子，所以成为人日节。

盘古开天辟地、造就万物的故事，表达了人们对祖先的感激之情，也表达了对自然万物的尊重。在儒家看来，人和其他物类都是由天地造就的，都值得珍视和尊重。所以，儒家提倡爱护动植物的生命，主张"斧斤以时入山林"，反对竭泽而渔、焚林而猎。即使在今天，这一观念仍然具有时代意义。

人日节这一天，中国一些地方还有麻秆点天灯、用豆熬粥治头疼、妇女遛弯祛百病、登高赋诗等习俗。在《人日寄杜二拾遗》一诗中，唐代诗人高适用"人日题诗寄草堂，遥怜故人思故乡"两句来描写唐代人日节的情况。通常人日节过后，人们才会远走他方去打拼。

岁时佳话：儒学与节庆

在国人心目中，清明节是重要的传统节日。宋代诗人吴惟信曾经写过一首名为《苏堤清明即事》的诗歌。诗中写道："梨花风起正清明，游子寻春半出城。日暮笙歌收拾去，万株杨柳属流莺。"这首诗形象地写出了宋代人在杨柳春风中游春的情形。除了祭拜先人和踏青游春，古人还有"清明戴柳"的讲究。

（一）插柳条的由来

在清明节插柳条的第一人是晋文公。晋文公在归国后封赏功臣，唯独忘了割肉奉君的介子推。而介子推也不计名利，背起老母去绵山归隐。晋文公为了把他逼下山受赏，就在绵山上放火。没想到，介子推宁愿烧死，也不愿下山。他还给晋文公留了遗言，希望国君能够勤政爱民。

等到第二年，晋文公又去绵山上纪念介子推。他来到介子推死难的柳树下，发现柳树又发芽了，就把这颗柳树命名为清明柳。于是，他就从柳树上折了一个柳枝，戴在头上。晋国官员一看，纷纷效仿。这一风俗逐渐就流传开来，沿袭至今。后来，人们为了纪念介子推，就在清明这一天，折根柳枝，戴在头上。民间谚语说："清明不戴柳，红颜变皓首。"这就是清明插柳的由来。

（二）插柳条的寓意

俗话说："有心栽花花不开，无心插柳柳成荫。"这说明柳树的生命力非常顽强。君不见，柳条插在哪儿，就在哪儿生根发芽，把绿色和荫凉带给人们。这一现象很早就受到了中国古人的关注。由于当时科学技术水平不高，人们无法理解柳树的生命力，只是认为它拥有魔力。

另一方面，当时的人们认为山川河流都是有灵性的，都由神灵来掌管。所以，人们就创造出了河神、山神、土地神等神灵，希望通过拜神来祈福。看到柳条旺盛的生命力，人们感觉把柳条戴在头上，就可以把它的生命力灌注到自己的身上。可以说，清明插柳实质上是人们希望把柳条的生命力延伸到自身之上，借以健康长寿。

此外，按照传统的说法，柳树枝具有强大的生命力和奇特的内在灵性，可以用来驱鬼避邪。因此，民间也有柳树枝打鬼的说法。据说，唐太宗李世民曾经在清明这一天把柳圈颁给臣子，意思是祛疫赐福。在清明节这一天，人们把柳树条插在屋檐下，就可以震慑恶鬼和邪魔，使其不敢危害家人健康。今天，人们习惯在清明前后植树，也是清明插柳习俗在今天的变异。

57

为了避免大家遗忘，人们还编成了"清明不戴柳，死后变黄狗"的农谚。这一农谚可以有效地提醒人们清明戴柳，并把这一习俗世世代代传承下去。因此，在清明这一天，柳树条就成了中国人特有的护身符了。

四、端午节喝雄黄酒、插艾叶

按照古代的计时方法，一年的十二个月可以和地支相配。十二地支是子、丑、寅、卯、辰、巳、午、未、申、酉、戌、亥。具体搭配起来，就是农历十一月是子月，十二月为丑月，依次类推，五月正好是午月。而"端"则是初始的意思，端午就是午月的开始，所以五月初五就被称为端午节。

端午时节，天气逐渐变得炎热起来。用唐明皇李隆基的说法，就是"端午临中夏，时清日复长"。在先秦时代，人们认为五月是恶月，毒虫开始肆虐；而五日又是恶日。所以，五月初五是恶中之恶。因此，在这一天，人们除了吃粽子之外，还要插艾叶、喝雄黄酒、戴香囊。而这些习俗都是为了避邪，体现的是儒家的忧患意识、重生思想和乐观态度。说起喝雄黄酒，还有一个有趣的故事。

（一）白素贞的故事

传说，为了报答许仙前世的救命之恩，白蛇精白素贞和许仙在杭州西湖的断桥上相识，并结为夫妻。白素贞不仅对许仙忠贞不贰，还通过医术救治他人，造福乡亲。谁曾想，许仙听信金山寺长老法海的谎言，在端午节给白素贞喝下了雄黄酒。很快，白素贞就现出了原形，结果把许仙给吓死了。为了挽回许仙的性命，白素贞和小青一起盗回仙草，将他救活。在许仙得救后，他又听信法海的鬼话，进入了金山寺。白素贞和小青一起去向法海要人，法海却表示拒绝。无奈之下，白素贞和小青施展法力水漫金山，想要逼法海让步。然而，她们的行为伤害了无数无辜的生灵。因此，在生下儿子许士麟后，白素贞被法海用金钵收服压在了雷峰塔下。十八年后，许士麟高中状元，回乡祭塔。他的孝心感动天地，白素贞终于获得解救，得以成仙。

与伍子胥、介子推等人类似，白素贞的形象形成也经历了一个演变过程。最初的白蛇是化为美女害人的蛇妖，接下来变成亦人亦妖的形象，再后来才变成了追求爱情、坚毅果敢的贤妻良母形象。在白蛇传的故事中，白素贞身上具有的感恩、忠贞、善良等诸多美德，都来自儒家思想对女性的要求。而白素贞获得解救，得益于儿子的孝心，这也反映了儒家所倡导的孝道。所以，这个故事具有浓重的儒学色彩。

（二）雄黄酒、艾叶与五毒

在白蛇传的故事中，白素贞是喝下雄黄酒，才现出原形的。因此，在古人看来，喝雄黄酒可以避免被蛇虫鼠蚁所侵害。雄黄酒是用菖蒲酿制，又加入雄黄、朱砂等物配制而成的药酒。在端午节这一天，人们喜欢用菖蒲或者艾叶蘸上雄黄酒，洒在家中角落，并在小孩的额头、肚脐等处涂抹，希望可以驱除毒虫，保障家人平安。

在古人看来，艾草既可以治病，又可以招福。在中医里面，艾叶可以入药。医生用艾草做成艾绒，点燃后在穴道上炙烤，就可以用来治病。如果把艾草点燃，还可以驱除蚊虫。对于如此好物，古人自然希望加以善用。在端午节这一天，人们会在门上插艾叶来避邪。因此，民间流传着"清明插柳，端午插艾"的谚语。在河北，民间更是有"端午不戴艾，死去变妖怪"的说法。

在有些地方，人们有端午节炒五毒的习俗。在各地，"炒五毒"的做法各有特点。在江苏中部，人们认为韭菜、金针菜、木耳、银鱼、虾米象征着蟾蜍、蝎子、壁虎、蛇、蜈蚣。于是，在端午节这一天，家庭主妇会把韭菜、金针菜、木耳、银鱼、虾米等放在一起炒，并把这道菜叫作"炒五毒"。而在山东南部，人们把辣椒、葱、姜、蒜、香菜五种有刺激的东西混合在一起翻炒，也叫炒五毒。无论怎么炒制，炒五毒都是当地端午节的必备传统菜肴。

（三）缠五彩线

缠五彩线的习俗据说和屈原有关。汉代时，有个长沙人梦见三闾大夫屈原告诉他说："你们祭祀我的粽子都被蛟龙偷吃了。"长沙人问该怎么办，三闾大夫说："蛟龙最怕艾叶和五彩丝线。下次，你们可以用艾叶把粽子包起来，再用五彩丝线把粽子缠起来。这样一来，投入江里的粽子就不会被蛟龙偷吃了。"从此，人们就用艾叶、苇叶、竹叶等物品来包粽子，又用五彩线来捆扎。此外，还有人说，缠五彩线的习俗和孙思邈有关。

五彩线一般是由红、黄、蓝、绿、紫五种颜色的丝线组成。五彩线又叫长命缕、续命缕、五色线、朱索和百索等。在端午节这一天，人们一般会把五彩线系在孩子的手腕或者脚腕上，用来避邪和防范五毒侵害。从汉代起，这一风俗便形成了。按照陕西等地的风俗，五彩丝线要一直系到农历六月初六才能剪下来。据说，如果你把剪下的五彩丝线丢到河里，就可以把百病送走，保佑小孩健康长大。而在苏北，五彩线在六月初六剪下后，还要扔到房顶上。据说，扔到房顶上的五彩线可以让喜鹊衔到天上搭桥，让牛郎织女相会。

上述习俗都有一个共性，就是为了祈福消灾。实际上，国人的这一观念来源于儒学对于现世生活的关注。有道是："卤水点豆腐，一物降一物。"按照儒家的五行观念，宇宙间的事物都可以归入五行，事物之间都是相生相克的。在祈福消灾时，人们就是按照这一观念来进行诸多民俗活动的。

五、遍插茱萸少一人

按照儒家经典《周易》的说法，九代表阳，六代表阴。以乾卦为例，六爻都是阳爻，所以爻题依次为初九、九二、九三、九四、九五、上九。而到了坤卦，由于六爻都是阴爻，所以爻题就变成了初六、六二、六三、六四、六五、上六。因此，中国人比较重视九和六这两个数字。农历的九月初九，是阳月阳日，所以起名叫作重阳节，它是非常重要的节日。加之，九九和"久久"同音，所以这一天被定为老人节，意思是希望老人身体健康，寿比南山。说起重阳节的来历，在汝河两岸的民间还流传着这样一个故事。

汝南桓景，随费长房游学累年。长房谓曰：「九月九日汝家中当有灾，宜急去。令家人各作绛囊，盛茱萸以系臂，登高饮菊花酒，此祸可消。」景如言举家登山。夕还，见鸡犬牛羊一时暴死。长房闻之曰：此可代也。

——吴均《续齐谐记》

　　传说东汉时，每年秋季汝河里面的瘟魔都会出来祸害百姓。当地的青年桓景历尽艰辛找到仙人费长房，并学到了降妖法术。一天，费长房把青龙宝剑、茱萸叶子和菊花酒送给桓景，又派仙鹤送他回家去降服瘟魔。到了九月初九，桓景遵照老师的安排，让乡亲们都爬到高山上，又把茱萸叶子和菊花酒分给大家。虽然瘟魔还想上山害人，却害怕菊花酒和茱萸叶子。经过艰苦的战斗，桓景终于把瘟魔消灭了。为了纪念桓景的功绩，每年的九月初九，人们

63

都会拿着茱萸叶子，登山观景喝菊花酒。

桓景寻找仙人、学习法术的过程，充满了艰辛。孟子说："故天将降大任于斯人也，必先苦其心志，劳其筋骨，饿其体肤，空乏其身，行拂乱其所为，所以动心忍性，增益其所不能。"自古及今，一个人的成功都要经过艰苦的奋斗。所以，即使是在面临逆境的时候，我们也不能放弃自己的梦想。

唐代诗人王维在《九月九日忆山东兄弟》一诗中写道："独在异乡为异客，每逢佳节倍思亲。遥知兄弟登高处，遍插茱萸少一人。"这首诗歌描写的便是唐代人重阳登高。

六、腊八节喝粥

所谓"腊八节"，也就是腊月初八过的节。腊八节这一天，人们要喝腊八粥、泡腊八蒜。在佛教传入后，也有人说喝腊八粥是为了纪念释迦牟尼成佛。说起腊八粥的来历，人们往往会说到朱元璋。其实除了这个故事，还有一个勤俭兴家的故事。

传说以前有一个四口之家，家里有一对老夫妇和两个儿子。老两口勤俭治家，家里打的粮食吃不完，院里枣树结的枣子也能卖不少钱。可惜，没等为两个儿子娶上媳妇，老两口就先后去世了。在临终前，老爷子拉着儿子们的手，告诫他们一定要把地种好、照顾好院里的枣树。可是，"不当家不知柴米贵"，看着满仓的粮食，哥俩开始坐吃山空。结果，家里的光景一年不如一年。

到了有一年的腊月初八，家里的粮食都吃光、卖完了。哥俩在粮仓里扫了大半天，才找出一些粮食和豆子，熬成了一锅粥。有道是："饥时吃糠糠如蜜，饱时吃蜜蜜不甜。"在吃粥时，两人不免感慨万千，决定痛改前非。不到三年，家里的日子又好起来了，哥俩也都娶妻生子。看到兄弟俩浪子回头，乡亲们既高兴，又暗暗下定决心要节俭度日。后来，为了提醒自己勤俭持家，别人家也都开始熬腊八粥。

在这个故事里，兄弟俩的勤俭兴家、奢侈败家是儒家崇俭反奢思想的民间版本。小哥俩能够知错就改，很快就过上了幸福生活。这不正是"知错能改，善莫大焉"的反映吗？《国语》里讲："民之大事在农。"对于农民来说，搞好农业生产是自己的本分。所以，老夫妇对于儿子的告诫，表述的正是儒家重视农业生产的思想。

喝腊八粥的用意既是庆贺丰收，又是祈求吉祥。在寒冷的冬季，吃碗腊八粥，既可以御寒，又可以提高身体抵抗力，一举两得。说到底，吃腊八粥体现的是儒家对生的

65

重视和对生命的敬畏。

七、冬至大如年

冬至既是二十四节气之一，又是传统节庆节日之一。古人有"冬至大如年"的说法。过了这一天，天气进入一年之中最寒冷的时候，白天逐渐变长，阳气也逐步回升。对于季节的变迁，杜甫曾在《小至》一诗中用"天时人事日相催，冬至阳生春又来"来描述。在冬至时节，人们有吃馄饨、饺子、狗肉、红豆糯米饭等食品的习俗。关于这几种食品的来历，民间都有不少故事流传。下面，我们就来看饺子的来历。

相传，在数九寒冬，东汉名医张仲景告老还乡。在回家后，他发现许多百姓冻坏了手脚和耳朵。于是，他就在冬至这一天搭起药棚，免费为大家治病。他将治疗冻疮所需的祛寒药材熬好、剁碎，与羊肉、辣椒掺在一起做成馅，再用面皮包起来，捏成耳朵形状，煮熟之后分给大家吃。百姓们在喝完药汤、吃完"药包"之后，很快就治愈了冻疮。后来，人们就开始效仿张仲景，在冬至做类似于"药包"的食品来吃，一开始，人们将药包称为饺耳。后来，大家又改称其为饺子。相传，这就是饺子的起源，也是今天"冬至吃饺子，以防耳朵被冻伤"说法的由来。

关于冬至来历的民间故事，说的都是冬季如何进补。从气候上看，冬至开启了一年之中最冷的时节，阴气较重，人们容易受凉生病。在冬季进补，有利于人们安全过冬，达到体内的阴阳平衡。而阴阳平衡的思想，则来自儒家《易经》。可以说，冬至节庆民俗和故事体现了儒家的阴阳哲学。

总之，冬至节也是一个祈福类节庆。在这一节庆中，我们既可以看到儒家对于祭拜祖先的重视，又能发现人们希望过好现世生活的美好愿望。而在天气寒冷的时候，我们多吃羊肉等热性事物，也是希望求得体内的阴阳平衡。

小专题 6

阴阳

关于阴阳关系，儒家有自己独到的见解。在儒家经典《周易》中，阴阳观念有明显的表现。阴阳原来讲的是日光的向背，例如山南水北为阳，山北水南为阴。后来，阴阳逐渐成为天地之间互相对立的两种事物的总称。以太极图为例，阴阳之间的关系既是互相对立的，又是可以互相转变的。

在《周易》中，阴阳首先表现为阴爻和阳爻。阴爻和阳爻是组成八卦乃至六十四卦的基础。阴阳观念是周易哲学的理论基础。可以说，阴阳观念对中国文化影响很大。以历法而言，中国有阴历和阳历。说到生死，国人有阳世和阴间的说法。就医学而言，中医上也区分阴阳，讲求身体内的阴阳平衡。说到文学，宋词也有颇具阳刚风格的豪放派和蕴含阴柔风格的婉约派。所以，如果你认真体味儒家的阴阳观念，可以提高对中国文化的认知程度。

八、小结

总而言之，在祈福类节庆中，既有驱邪祛病的习俗，又有祈求身体健康的讲究。祈福类节庆既在一定程度上提高了人们的身体抵抗力，又很好地满足了人们祈求平安、消灾纳福的心理需要。在这些节庆民俗和故事背后，我们都可以看到儒学思想的影响。

可以说，祈福类节庆反映了中国人对于生命的敬畏和重视，体现了居安思危的忧患意识和乐天知命的人生情怀。而诸多祈福活动展现了中国人自强不息、乐观向上的民族精神。在科学昌明、医学发达的今天，祈福类节庆仍然可以发挥增强人们体质的作用。

第五章

团聚类节庆凸显孝道

从古至今，家都是中国人的最终归宿。在古代，人们有叶落归根的愿望。在当代，不管远隔千山万水，人们总会想尽办法在春节前赶回老家和父母团聚。如上所述，中国人最讲究孝道。所谓"孝"，包括生养、死葬和祭祀三个层面。虽然儒家讲究治家要严，但是在欢度团聚类节庆时，一家老小共享天伦之乐却也透出浓浓的亲情。

在各国人民中，中国人最注重团圆。所以，团聚类节庆是传统节庆中最重要的组成部分。这类节庆包括除夕、春节、元宵、七夕、中秋、重阳等。它们都反映了中国人对于家的眷恋，对于亲情的看重。

一、阖家团圆是除夕

按照传统的说法，春节回家最好是在小年即腊月二十三之前。原因是这一天要全家祭灶。春节从这一天就开始了。过去有个小曲，唱的就是春节前的安排："二十三，糖瓜儿粘；二十四，写对子；二十五，磨豆腐；二十六，炖大肉；二十七，宰公鸡；二十八，把面儿发；二十九，蒸馒头；三十晚上熬一宿，大年初一扭一扭。"这儿说的三十就是除夕。按照中国的农历来计算，除夕就是腊月二十九或者三十。

（一）团圆饭

在中国，除夕是重要的传统节日。先秦时期，每到这一天，宫廷里面都要举行驱鬼的"大傩"仪式。这一天，人们不但要贴春联、跳火堆、贴年画、贴窗花，而且要做一顿丰盛的年夜饭。这顿饭要有热菜和凉菜，要有整条鱼，要喝团圆酒。从寓意上讲，鱼象征着年年有余，饺子象征着团圆。也有的地方要吃火锅，期望一年的日子红红火火。在南方，家家户户都会蒸年糕，寓意年年高。关于团圆饭的来历，民间有一个传说。

据说，以前有个老员外的独生儿子被抓去当兵，一连几月都没有消息。到了大年三十，他家的厨师就买来鸡、鱼、青菜等菜品，打算做顿好饭给员外夫妇吃。在他精心烹调完毕之后，老员外的儿子回来了。可是，菜只准备了两盘，是给老员外夫妇吃的。厨师急中生智，就把做好的菜和没做的菜合在一起，重新加工后端上饭桌。老员外吃完后，感觉很好吃，就问厨师菜名。厨师随口说："这是庆贺您阖家团圆的饭，就叫团圆饭吧。"从此，人们就开始在大年三十吃团圆饭。

71

在除夕日的下午，有的地方还会把年夜饭送到故去亲人的坟头上，让他们可以和家人一起享受除夕夜的美食。在除夕之夜，阖家老小围坐在电视旁观看春晚也成了新的民俗。有人说，收看春晚，国人看的不仅是节目，更是亲情。

在上述故事和习俗中，我们都可以看到国人对于团圆的重视。这一重视的思想根源就是儒家提倡的仁爱思想。在家庭内部，仁爱就表现为"父慈子孝、兄友弟恭、夫和妻柔"。在儒学中，仁爱讲究推己及人。虽说是随口起名，可是无形中却表现了厨师对于老员外一家的关心和祝福。在这个故事中，厨师的关心正是推己及人的结果。

（二）守岁

在民间，除夕夜有守岁的习惯。所谓"守岁"，就是在大年三十晚上不睡觉，围着火炉话家常，等待新年的到来。说起守岁，宋代文人席振起曾经写过"相邀守岁阿咸家，蜡炬传红映碧纱。三十六旬都浪过，偏从此夜惜年华"的诗句。说到守岁的来历，在河北沧州一带流传着灶王奶奶的故事。

传说玉帝的小女儿是个心地仁慈的人。她不仅偷偷地爱上了一个烧火的穷小伙，而且非常同情天底下的穷人。

相邀守岁阿戎家，
蜡炬传红映碧纱。
三十六旬都浪过，
偏从此夜惜年华。
——【宋】席振起《守岁》

玉帝虽然不太高兴，但还是给了女婿一个灶王爷的职位，又规定女儿只能在每年的腊月二十三回家一趟。到了腊月，穷人家里经常无米为炊。到了腊月二十三，灶王奶奶回到娘家。在此后的几天里，她准备好了各种年货。到了大年三十晚上的五更天，她带上年货回到了人间。穷人们纷纷点起香火、鞭炮迎接她。从此，人们就形成了二十三祭灶、大年三十守岁的习俗。

灶王奶奶对于穷人的怜悯之心，实质上就是儒家提倡的仁爱之心。她热心帮助穷人的善举，更是践行仁义的典范。而穷人们对她的尊重，则体现了感恩意识。在故事里面，玉帝对女儿的严格要求，既体现了对于天庭秩序的维护，又是一种严父之爱。在另一个版本的故事中，灶王奶奶名叫郭丁香，她的丈夫名叫张万良。张万良好吃懒做、忘恩负义，最后羞愧难当、钻入灶膛而死。此外，民间还有灶王张仁、灶王奶奶李义等说法，在这一版本的故事中，灶王夫妻名字中的仁义就来自于儒家的思想。总之，灶王奶奶的故事体现了儒家思想的诸多影响。

除夕夜是"一夜连双岁，五更分二年"。守岁的意义，既包含对已逝岁月的惜别留恋之情，又蕴含对即将到来的新年的美好祝愿。年长者守岁是感慨人生苦短，决定珍惜光阴；年少者守岁是希望为父母增寿添福。在今天，人们选择守岁，更多的是为了享受阖家团聚的欢乐。

二、欢天喜地迎新年

告别除夕，人们迎来了新的一年。从正月初一开始到正月结束，丰富多彩的各种民俗活动一一呈现在人们的眼前，将浓浓的年味演绎得淋漓尽致。在"大年初一头一天"，虽然各地风俗各异，但吃饺子、放爆竹、拜大年可能是很多地区迎新年共同的活动。这些活动表达了人们对新的一年的美好期望、对亲朋好友的良好祝愿。

（一）年的来历

每当新年的钟声敲响之时，无论大人还是小孩，也无论男女，每个人都会面带笑容，高兴地大声表达他们此时此刻激动的心情，并互道祝福。"过年好"三个字虽然简短，但是却包含了深刻的寓意。那么，年是如何而来的？"过年好"又有哪些寓意呢？要想回答这些问题，就请您接着往下看。

1. 谷物成熟

据考证，"年"最初的含义是表示谷物成熟，如《说文解字》中对年的解释就是"年，谷熟也"。"过年好"则表达了人们对谷物收成的一种期盼和庆祝。在遥远的古代，生产力水平低下，人们靠天吃饭。因此，粮食的收成，就成为人类能否生存的一个非常重要的条件。在丰收之后，人们掩饰不住内心的喜悦，载歌载舞，以示庆祝。正如孔子所说："未知生，焉知死。"所以，过年不但体现了儒家对现实生活的重视，更反映了儒学对人的生命的重视。

随着社会的发展，人们对农业的耕作更加精细，因而有必要精确把握农业生产的时间点。在漫长的生产实践过程中，先民们积累了丰富的生产经验，并对四季的更替、气候的变化和作物的成长规律有了相当的认识，逐渐摸索出了以天干地支来计时的方法。于是，人们把从这一季作物的收成到下一季作物的成熟称为一年。一年又分为春夏秋冬四季，形成一个循环。至此，"年"逐渐由农业生产用语向时间概念转变。

2. 驱赶山魈

关于年的由来，民间还有一则有关驱赶山魈的神话传说。据传，在远古时期，每到除夕之夜，名叫"年"的可怕的怪兽——山魈——就会到村子里抓人吃。因此，一到除夕，村民们就拖家带口，举家逃难。后来，大家发现"年"怕火光、声响和红色。于是，勇敢的村民们自发组织起来，除夕夜留守在村子里，放爆竹、燃烟花、贴春联。

当黑夜来临，"年"像往常一样进入村子。突然噼噼啪啪的爆竹声震耳欲聋，璀璨的烟花升空之后炸开来，红红的春联像燃烧的篝火一样鲜艳。"年"被吓得抱头鼠窜，慌忙逃走。村民们见状，纷纷高呼"过年了！""年"这个难关终于过去了。此后的每个除夕，人们都按照这一办法来驱赶"年"。慢慢地，放爆竹、燃烟花、贴春联就成为过年的重要习俗，而过年也成为中国老百姓日常生活中最重要的节日。

面对凶猛的怪兽，人们并没有被吓倒，而是勇敢面对，终于想尽办法战胜了它们。古人的这一做法反映了自强不息的民族精神。自强不息来自《周易》，即"天行健君子以自强不息，地势坤君子以厚德载物"。这两句话反映的正是儒家所倡导的百折不挠的奋斗精神和待人宽厚的宽容意识。直到今天，这两句话仍然可以作为我们修身的座右铭。此外，关于年的来历，民间还有万年创制太阳历、弥勒佛在大年初一给人们带来欢乐等传说。

（二）饺子的来历

"好吃不如饺子！"这是在民间广泛流行的一句话，证明了饺子的受欢迎程度。在春节的盛宴中，饺子更是一道必不可少的美味佳肴。饺子能够成为大众喜爱的春节食品，不仅与饺子本身味道鲜美有关，还因为它背后所蕴含的故事和象征意义。

1. 团圆饺子

前面说过，饺子来源于张仲景用"药包"治疗冻疮。饺子既有面又有馅，是营养丰富、美味可口的佳品。所以，民间有"舒服不如倒着，好吃不如饺子"的谚语。冬至吃饺子是为了纪念张仲景，而春节吃饺子是因为饺子象征着团圆。民间有"初一饺子初二面"的说法。在春节里面，人们吃饺子，象征着全家人团圆和乐。

在中国，人们喜欢用"恭喜发财"作为拜年时的祝福语。由于饺子的外形就像一个元宝，所以春节吃饺子是为了祈求招财进宝、财源茂盛。再有饺子里面有馅，在过春节时，有的地方会把红枣、花生米或者硬币等包在饺子里面。按照民间的说法，谁吃到这样的饺子，就会有一年的好运气。总之，春节吃饺子寄托的是人们对新的一年的美好期盼。

2. 更岁交子

如上所述，春节里吃饺子有其象征意义，典型代表是"更岁交子"一说。中国古代的计时方法与现在不同，是和天干地支相联系的。天干有十个，分别是甲、乙、丙、丁、戊、己、庚、辛、壬、癸；地支有十二个，分别是子、丑、寅、卯、辰、巳、午、未、申、酉、戌、亥。十二个天干地支相配，六十年是一个轮回。所以古人有"六十一甲子"的说法。例如，公元2011年就是农历辛卯年。在古人看来，一年的十二个月、一天的十二个时辰都可以和地支相配。子时是前一天的晚上二十三点到第二天的凌晨一点，凌晨的一点到三点是丑时。为了人们记忆，古人又把他们与十二个动物联系起来，即子鼠、丑牛、寅虎、卯兔、辰龙、巳蛇、午马、未羊、申猴、酉鸡、戌狗、亥猪。

按照上面讲到的计时方法，除夕之夜的二十三点到正月初一的凌晨一点就是子时。在这段时间里，不但旧的一天过去、新的一天到来，而且腊月过去、正月到来，甚至旧的一年过去、新的一年来临。这就叫做更岁交子。为了纪念这一特殊的时刻，祈求在新的一年里万事如意，传统上人们会在除夕之夜守岁，而且要在正月初一吃饺子。饺子是"交子"的谐音，吃饺子寓意吉祥如意，寄托了人们的美好期盼。在江苏淮阴，在正月初一吃饺子时，老一辈的人称饺子是"万万顺"，希望在新的一年能够事事顺心、万事如意。当然，在中国的南方地区，春节不吃饺子，而是吃汤圆。在南方人看来，又圆又甜的汤圆象征着在新的一年甜甜蜜蜜、全家团圆、喜事连连。

（三）爆竹的演变

每到春节，震天的爆竹声此起彼伏，璀璨的烟花流光溢彩，就成为中国人春节的标志之一。它流露出人们内心的喜悦，也烘托出春节热闹、喜庆的氛围。在《元日》一诗中，王安石写道："爆竹声中一岁除，春风送暖入屠苏。千门万户曈曈日，总把新桃换旧符。"这首诗描绘出一幅人们在噼噼啪啪的爆竹声中辞旧迎新的热闹景象。说到爆竹的产生，民间流传着爆竹驱赶山鬼和驱除瘴气的传说，还有药王孙思邈在炼丹过程中发明火药配方的故事。

据说，唐初时征战频繁，瘟疫四起，贫民遭殃。有人想出了一个办法，就是把硝磺装在竹筒内，点燃后使其发出爆响，并产生浓烈的烟雾。结果，山岚瘴气被驱散了，疫病的流行也被制止了。所以，后来爆竹就被广泛应用于避邪散瘴。此外，爆竹也被用来祛邪避鬼、消遣娱乐和烘托喜庆。

无论燃竹驱邪散瘴还是祛邪避鬼，都是古人为了改善自己的生存环境而做的积极努力。在这些积极努力的背后，我们看出儒家学者荀子提倡的"制天命而用之"的观念。后世提倡的人定胜天就是从"制天命而用之"逐步衍生出来的。

南宋诗人范成大给我们留下了描述春节放爆竹以驱山鬼、除瘴疬的诗歌，他在《腊月村田乐府十首·爆竹行》中描写道："一声两声百鬼惊，三声四声鬼倾巢。十声百声神道宁，八方上下皆和平。"可见，当时的爆竹制作技术已经很成熟，而爆竹的使用也已经很广泛了。

（四）拜大年

拜年是春节时的重要民俗之一。从大年初一开始，人们就要开始互道祝福。整个正月里，各种形式的拜年活动络绎不绝。在《拜年》一诗中，明代诗人文徵明曾经用

"不求见面惟通谒，名纸朝来满敝庐。我亦随人投数纸，世情嫌简不嫌虚"来描写当时人们互送名刺拜年的状况。

说到拜年的来历，还是要提到前面的驱赶山魈。在山魈被赶走后，人们会在大年初一这一天走出家门，互道祝福，庆祝顺利度过年关，这大概就是最早的拜年了吧。一开始，拜年一律是登门拜访。到了宋代，人们流行用写有祝福话语的卡片来拜年。对于关系不太亲近的人士，古人往往会派仆人去投送贺年卡片。这些卡片就是今日的贺年片的前身。到了今天，人们流行用电话、短信、微信等现代通信手段来拜年，形式虽然有变化，真挚的祝福却一如既往。

在拜年时，晚辈要向长辈行礼，还要说些祝福的话语。而长辈会向晚辈送上祝福和红包。在民间，红包又叫压岁钱。据说，由于"岁"和"祟"同音，压岁就可以压住邪祟。长辈送晚辈压岁钱，其实是表达了他们对小孩健康成长的祝福。

在拜年时，人们往往按照如下的顺序来进行：大年初一，先给关系最亲近的家人拜年，然后向同族的其他人拜年；从初二开始，要给娘舅、姥爷拜年；到了初三，则是去姑妈、姨妈家拜年；然后才是给其他亲戚拜年。在民间，人们给亲戚拜年，往往都会通过走亲戚的方式来进行。对于同事、朋友，人们则会采用串门的方式来拜年。可以看出，拜年遵循的是由亲到疏、推己及人的顺序，这也反映了儒家的爱有差等的仁爱思想。

（五）逛庙会

在过去，逛庙会是春节里的重要民俗活动。关于庙会的由来，各地都有一些传说。例如，在山东费县，就有因为给地方保护神——朱龙王——送香火而形成盛大庙会的传说。再以北京为例，人们习惯在春节时去地坛逛庙会。直到今天，在正月初一到初七，人们还会扶老携幼去逛地坛庙会。在逛庙会时，人们既可以吃美食，又可以观看各种演出。在古代，有些妇女在逛庙会时，还会到寺庙、道观里面拜神求子。无疑，逛庙会是一项重要的春节民俗。

据说，庙会来源于古代的祭祀活动。在远古时期，人们会在举行祭祀神祇的典礼时，演出一些取悦神仙和民众的歌舞。后来，这些歌舞就被叫作庙会戏。"庙会"一词，大概就是从这儿来的。后来，随着佛道两教的兴盛，佛寺和道观也通过庙会来吸引信众。这样一来，庙会的内容更加丰富多彩。不少家庭主妇都喜欢到庙会上购买日用品，小孩子们喜欢到庙会上买玩具。为了祈福，也有很多人喜欢到庙里去拜神。

当然，庙会最重要的功能还是祭祀。古代的庙会往往会祭祀社神，即土地神。这一祭祀活动实质上是为了祈祷新的一年风调雨顺、年成大好。即使在佛道两教举办的庙会上，人们祭祀神佛，一方面表达对神佛的尊重，另一方面也是为了祈福。而且人们在庙会上进行的祭神、娱乐和购物等活动，都是为了过上更好的生活。由此可见，中国的庙会反映了人们关切现世生活的乐观态度。

三、张灯结彩闹元宵

在民间，元宵节又称灯节。前面说过，道教有上元、中元、下元的说法，上元是正月十五，中元则是七月十五，而下元则是十月十五。在正月十五上元节，人们要祭祀天官。据说天官喜欢快乐，所以人们要燃灯。这一天，大街小巷挂满了各式各样的花灯和灯笼。唐代诗人张祜用"千门开锁万灯明，正月中旬动地京"的诗句描写了长安的元宵节景象。忙碌了一年的百姓，哪怕是平常不出门的大姑娘、小媳妇，也会走上街头，在震天的爆竹声中和绚丽多彩的烟花下，参与观赏花灯、舞龙舞狮、跑旱船、扭秧歌、猜灯谜等娱乐节目，欣赏生动活泼的中国文化的美丽画卷。

（一）元宵欢乐故事多

关于元宵节的来历，也有很多精彩纷呈的神话传说和故事。如传说元宵的由来与汉文帝平吕有关，也有传说与东方朔帮助元宵姑娘探亲有关系，甚至有些学者认为这是古代祛邪辟鬼的"傩"这一形式的流传和演变。下面，我们就来探讨这些故事之中最有儒学色彩的一个。

相传，在远古蛮荒时代，天上的一只神鸟飞落人间，被人们当作怪兽误杀。天帝得知此事后，雷霆大怒，扬言要在正月十五晚上放火，烧死全天下的百姓。心地善良的天帝女儿赶紧向百姓通风报信，并设法帮助大家躲避这场灾难。当正月十五的夜晚来临时，按照天帝女儿的嘱咐，家家户户点灯、放炮、燃烟花，好不热闹。天帝从天上看到人间一片火海，以为人类已经得到惩罚，便不再追究。天帝女儿的义举体现了她的善良和爱心，反映了儒学"泛爱众而亲仁"的观念。后来，百姓为了纪念这件事，每年正月十五都要挂灯笼，燃放烟火、爆竹。

元宵节不仅是个热闹的日子，还是个团聚的节日。宋代词人欧阳修曾经在《生查子·元夕》中说："去年元夜时，花市灯如昼，月上柳梢头，人约黄昏后。今年元夜时，月与灯依旧。不见去年人，泪满春衫袖。"这首流传千古的词描写的便是发生在元宵节的故事。在这一天，全家人一起看花灯、吃汤圆，真乃人间乐事。

（二）热闹非凡赏花灯

赏花灯是元宵节一项广受欢迎的活动。从西汉时期，民间就有元宵挂灯的习俗。在不同的朝代，元宵节的节期也不尽相同，如汉代张灯一天，唐代三天，宋代五天，明代最长，从初八点灯直到正月十七落灯，共十天，到清代又缩短为四五天。观赏花灯的习俗，一代一代延续至今，是元宵节最热闹的一个活动。关于元宵燃灯的由来，除了上面已经提到的几个故事之外，还有照田蚕、佛教东传、道教祭神和李世民升学灯等故事在民间流传。历史上描写元宵灯节的诗词很多，如唐朝诗人苏味道在《正月十五夜》中写道："火树银花合，星桥铁索开。暗尘随马去，明月逐人来。"

1. 贴灯联

在元宵节上，灯联是一味不可或缺的文化大餐。灯联，顾名思义就是在灯节上挂对联。人们往往在挂花灯时，同时在大门或者灯柱上贴上一副灯联。花灯和灯联相映成趣，增加了元宵节的文化内涵和底蕴，使得元宵节成为雅俗共赏的节日。文人墨客从开始的写诗吟诵到后来的直接参与，他们的加入，提升了元宵节的文化品位。历史上有众多流传甚广的有关灯联的故事，例如老宰相试子出妙对、闵鹗元闻鼓文思涌和王安石一联获双喜等。而大家最为熟悉的恐怕要数王安石以灯联为媒考中进士、抱得美娇娘的故事。

据传，王安石年轻时进京赶考。一日，正是元宵节，王安石沿途赏灯，不料，一高门大户家的招亲灯联却难住了这位才子。高门两旁挂着红红的灯笼，下面贴着两幅红纸，其中一幅写道："走马灯，灯走马，灯熄马停步。"王安石绞尽脑汁也想不出下联，便默记在心，以期日后作答。到了京城，主考官以随风飘动的飞虎旗出对："飞虎旗，旗飞虎，旗卷虎藏身"。王安石随即想到了路上见到的招亲灯联，切合题意，对仗工整，即以为对，被取为进士。在高中进士之后，王安石回乡经过那户人家时，得知招亲的灯联仍然无人对出。于是，他又将考试时以飞虎旗为题的对联作答，被招为东床快婿，抱得娇娘归，也成就了一段灯联为媒的人间佳话。

2. 猜灯谜

猜灯谜也是元宵节一项大伙喜闻乐见的益智活动。灯谜，又称"灯虎""文虎"等，就是写在彩灯上的谜语。谜语一般由三个部分组成，即谜面、谜目和谜底。它在中国源远流长，是中华民族宝贵的传统艺术。在现实生活中，每当元宵佳节来临，猜灯谜的活动吸引众人参与，灯下人来人往，好不热闹。可以说，猜灯谜是雅俗共赏的人间乐事。说到猜灯谜的由来，民间有个王少智斗笑面虎的故事值得一提。

相传，以前有个人称"笑面虎"的土财主家财万贯，却为富不仁。穿得破破烂烂的穷书生王少去向他借钱，结果被辱骂出门。"士可杀，不可辱"，羞愧的王少回家后想出一条妙计来惩治"笑面虎"。在元宵节的晚上，王少提着一盏大灯笼来到了"笑面虎"家的门口，高高地挑起，引来了众多赏花灯的人驻足观赏。只见，灯笼上写道：

头尖身细白如银，论秤没有半毫分。眼睛长到屁股上，光认衣裳不认人。

看到这首诗后，"笑面虎"气得面红耳赤，大声斥责王少："混蛋，你竟敢骂我！"谁知王少却不慌不忙地说出了谜底——针。"笑面虎"一想，倒也说得通，只得干瞪眼，灰溜溜地走了。等到来年元宵节，好多人都将谜语写到花灯上，供大家猜谜取乐。后来，"猜灯谜"就成了元宵灯节中的一项重要活动。相传，纪晓岚曾经出灯谜给乾隆皇帝和群臣猜谜取乐。

在上面的故事中，面对羞辱自己的财主，王少并未和他硬碰硬，而是巧妙地报了一箭之仇。王少的智慧来自对儒家《易经》阴阳哲学的思考。在太极图中，阳中有阴，阴中有阳。阴和阳之间既相互对立，又可以相互转化。王少的回击虽然看似绵软，却能够给财主以深刻的教训。阴阳哲学的智慧，值得我们认真体味。

四、"六月六"回娘家

"六月六"是汉族和一些少数民族的重要传统节日。在这一天，汉族要晾晒衣物，也要祭祀虫王。在山西南部，这一天是女儿回娘家的日子。这一节日的来历，在布依族有布依圣母和妹竹做粽子的故事在流传。而在山西民间，也流传着一个历史故事。

晋国重臣狐偃是晋文公重耳的舅父。他仗着曾经陪同重耳流亡，又立下不少功绩，就有些骄傲自满。他的亲家赵衰看不下去，就对他进行劝诫。谁料狐偃不但不知悔改，反而大骂赵衰。回到家之后不久，同为晋国重臣的赵衰就被气死了。赵衰的儿子虽说是狐偃的女婿，却反对岳父的做法，想找机会杀死狐偃替父报仇。有一年，晋国发生旱灾，狐偃外出放粮。临行前，他告诉家里人："六月初六我肯定会来家过寿。"心怀不满的女婿听说后，计划带人伏击他。狐偃的女儿知道丈夫的计划后，就一面赶回娘家报信，一面劝解自己的丈夫。在放粮的路上，狐偃了解到了民间的疾苦，认识到自己的错误。

平安到家之后，他亲自去赵家把女儿女婿接回家居住，还当众承认了自己的错误。以后，每年六月初六狐偃都会把女儿女婿接回家团聚。民间的百姓听说之后，都很佩服狐偃知错就改的勇气。因此，大家纷纷在六月初六这一天接女儿回娘家。在晋南的民间，今天的人们还把六月六称为姑姑节。

狐偃能够知错就改，作为长辈非常难得。有道是："知错能改，善莫大焉。"在狐偃认错之后，女婿也能够不计前嫌。俗话说："一个女婿半个儿。"这些都是家庭亲情的体现。在今天，如果我们能够积极改过，就可以减少不必要的磨难和痛苦。

五、月圆中天庆中秋

中秋节是中国传统四大节庆之一。中秋节是在农历的八月十五，反映了古人"月中取节"的思想，实际上是孔子"执两用中"的中庸思想的体现。中秋节的内涵非常丰富，不但有精神方面的合家团聚，而且有美食，还有美妙的故事和传说。

面对天上的一轮圆月，古往今来的文人墨客们诗兴大发，写下了不少流传甚广的诗词佳句。宋代大词人苏轼就在《水调歌头》中慨叹"明月几时有？把酒问青天"，祝愿天下人"但愿人长久，千里共婵娟"。李白在月下独酌，打算"举杯邀明月，对影成三人"。唐代名相张九龄在《望月怀远》中，感叹"海上生明月，天涯共此时"。可以说，文人骚客歌咏中秋的诗词灿若繁星，不胜枚举。

在这一天，不管工作多么繁忙，全家人都尽可能欢聚一堂，吃着妈妈做的美味的饭菜，品尝着可口的月饼和葡萄、石榴等新鲜水果，品味"天上月圆、人间团圆"的双重欢乐，听家中老人讲嫦娥奔月、玉兔捣药、吴刚伐桂等经久不衰的有趣传说。如果一个人实在赶不回家的，就只能仰望星空，体味"露从今夜白，月是故乡明"的思乡之情。你可知道，这些美丽动人的传说故事背后都蕴含着的浓厚的儒学思想？

（一）嫦娥奔月

在远古的时候，天上同时出现了十个太阳。炎炎烈日严重影响了人们正常的生产、生活。力大无比的大英雄后羿射落了九个太阳，使百姓恢复了正常的生产生活。面善心恶的蓬蒙慕名而来，向后羿拜师学习射箭。后羿的妻子名叫嫦娥，两人非常恩爱。有天，后羿从西王母那里得到了一颗长生不老的仙丹。他将仙丹交由嫦娥保管，想与妻子共同服用一起成仙。

在八月十五这一天，趁后羿外出打猎时，蓬蒙闯入后羿家中，企图强夺仙丹。嫦娥为保护仙丹，情急之下将其吞入腹中。蓬蒙一看无计可施，又担心后羿回来找他算账，就赶快逃走了。在误服仙丹之后，嫦娥飘到天上成为神仙。为了能经常看到丈夫，嫦娥选择了离丈夫最近、但是没有人烟的月亮居住。宋人范成大曾经作了一首名叫《枕上》的诗歌，其中写到了嫦娥的孤寂。诗中写道："素娥脉脉翻愁寂，付与风铃雨夜长。"

后羿回家之后，非常伤心，就在月下摆上香案，放些嫦娥喜欢的糕点水果，寄托思念之情。百姓们也纷纷在嫦娥奔月的这天晚上摆上香案，遥祭嫦娥，为她祈祷和祝福。面对人间的悲欢离合，本着悲天悯人的大爱之心，苏轼在《水调歌头》中写道："但愿人长久，千里共婵娟。"

在嫦娥奔月的故事中，一开始人们认为嫦娥偷了灵药，就想象她在月宫中变成了蛤蟆。在题为《嫦娥》的诗歌中，李商隐感叹说："嫦娥应悔偷灵药，碧海青天夜夜心。"后来，人们觉得蛤蟆和月神的形象不太匹配，逐渐对嫦娥加以塑造，把温柔、善良、贤惠等女性美德都加到了她的身上。在"嫦娥奔月"故事背后，我们可以看出中国人重视家庭、重视爱情忠贞的观念。而这一观念正来源于儒学。

（二）玉兔捣药

在古人的心目中，嫦娥在月宫中有玉兔为伴。辛弃疾在《满江红·中秋》中写道："着意登楼瞻玉兔，何人张幕遮银阙。"关于玉兔的来历，民间有好多传说。有人说玉兔原来是嫦娥养的小兔子，有人说玉兔舍生取义，有人说玉兔扶危济困，也有人说玉兔是由吴刚的儿子变成的，还有人说是治病救人的白兔姑娘变成了月宫里面的玉兔。在这几个故事中间，最有儒学意味的还是对嫦娥不离不弃的小兔子。

传说，嫦娥不但是个温柔善良的贤内助，而且有着一颗仁爱之心。她能够善待身边的人和动物，深得大家的喜爱。因此，就在嫦娥因误服仙丹即将与心爱的丈夫天人两隔时，她养的一只小白兔正好在她的脚边。它不忍心温柔善良的主人孤独一人，就紧紧地咬住嫦娥的裤脚，跟随主人一道升天。在寂寥的广寒宫中，玉兔不但陪伴着主人，并且辛勤地帮助主人捣药，为人间祛除疾病。后来，在北京地区就有了玉兔奉主人之命来人间治病的民间故事。对于玉兔，唐代诗人卢照邻在《江中望月》中就曾描写道："沉钩摇兔影，浮桂动丹芳。"后来，民间也有了以玉兔为原型的兔儿爷。

嫦娥与玉兔的和谐相处，反映了中国人天人合一的生态思想。在儒家看来，天地间的万事万物都由元气化生，都有其内在价值，都应该受到尊重。人类就生活在自然之中，尊重自然就是尊重人类自身。而嫦娥与玉兔的互动，则反映了中国人重视人类之外生命的价值。同时，从表面上看，玉兔治病反映了人们祈求健康平安的美好愿望；而从深层次来看，则体现了儒学的入世倾向和重视现世生活的思想。

（三）吴刚伐桂

在嫦娥故事的流传过程中，不断有新的故事被添加进来。吴刚伐桂就是其中之一。唐代诗人李商隐曾经写过"月中桂树高多少，试问西河斫树人"的诗句，说的就是吴刚的事情。

传说，七仙女在被王母娘娘强行带回天庭之时，把儿子留给了董永。由于母亲不在身边，孩子经常被村里无知的小孩取笑，非常伤心。神仙吴刚看到后，就动了

93

恻隐之心。这儿所说的恻隐之心，就是孟子所说的"不忍人之心"。

为了帮助这个小孩，吴刚就化成慈祥的老人来安抚孩子。万般安抚未果，他只好拿出一双仙鞋给孩子穿上，并带他去天庭看他的母亲七仙女。王母娘娘本来就非常反对牛郎和织女的结合，更不喜欢他们的孩子。看到吴刚帮助七仙女母子团圆，她就迁怒于吴刚，将他贬到广寒宫去砍伐桂树。为了惩罚吴刚，桂树在砍后会立马愈合。因此吴刚永远地留在那棵桂花树下不停地伐树，而且永远砍不完。吴刚舍己为人、舍生取义的大爱之举，被后人代代传诵。这就是吴刚伐桂的故事。

莫羡仙家有上真，
仙家暂谪亦千春。
月中桂树高多少，
试问西河斫树人。
——李商隐《同学彭道士参寥》

吴刚伐桂的故事大约出现于唐代，在流传的过程中，人们又把吴质、吴权等人的事迹加入进去，从而演绎出了很多版本。例如，吴刚犯了错误被惩罚、吴刚酿制桂花酒和吴刚杀了炎帝孙子伯陵等。在这些故事中间，最值得回味的还是吴刚帮助七仙女之子的故事。这一故事反映了吴刚舍己为人的仁爱之心。在人际交往中，这一仁爱之心就表现为对他人的同情、关心。

（四）月饼的由来

月饼是中秋节里最重要的美食。苏轼在《月饼》中写道："小饼如嚼月，中有酥和饴。默品其滋味，相思泪沾巾。"月饼，又称胡饼、宫饼、小饼、月团、团圆饼等，是古代中秋祭拜月神的供品，沿传下来，便形成了中秋吃月饼的习俗。

早在殷、周时期，为了纪念太师闻仲，人们制作了一种边薄心厚的"太师饼"，此乃我国月饼的"始祖"。汉代张骞出使西域时，把芝麻、胡桃等种子带回中原。于是，人们在制作太师饼时，就在其中放入芝麻、胡桃等，使其变得更加美味。而以胡桃仁为馅的圆形饼，被人们称为"胡饼"。 到了唐代，民间已有了专门生产胡饼的师傅，京城长安也出现了制作出售糕饼的店铺。说到月饼名称的由来，就要提到唐明皇和杨贵妃了。

据说，有一年中秋之夜，唐明皇和杨贵妃一起在花园里赏月吃胡饼。谈笑之间，唐明皇表示胡饼名字不好听，不够文雅。面对天上皎洁的明月，二人开始琢磨。忽然，杨贵妃心潮澎湃，随口而出"月饼"二字。听到爱妃起的名字，唐明皇大声叫好。从此，"月饼"的名称便在民间逐渐流传开来。看到天上的圆月，杨贵妃把胡饼改名月饼，凸显的是儒家天人合一的思想。关于月饼名称的由来，民间还有董永儿子仿造月饼、唐代庆贺战功的食品和云游诗人吃水果酥等故事在流传。

总之，作为传统节庆的重中之重，中秋节体现了古人的生活智慧，体现了儒学对于实际生活的影响。中秋节的美食值得细细体味，中秋节的故事值得代代传承，中秋节的内涵值得层层累积。

六、小结

总而言之，团聚类节庆反映了中国人对于家庭亲情的重视。无论是除夕、元宵，还是六月六、中秋，都显示了人们对于现世生活的重视。在家庭亲情之中，中国人最讲孝道。需要说明的是，孝道并不是子女对父母的绝对服从，而是子女对于父母养育之恩的感恩和尊重。如果父母犯了错误，子女就要善加规劝。

在全球化时代，团聚类节庆可以超越时空的局限。古今中外，人们总是把家人团聚看得非常重。在中华文化全面复兴的今天，团聚类节庆也是最值得传承和推广的节庆。团聚类节庆的复兴，有利于调节人际关系，有助于增强社会凝聚力，有利于提升国家的文化软实力。

第六章

娱乐类节庆意在放松

在中国古代，人们反对过苦行僧式的生活。虽然务农很重要，但是人们也不忘休闲放松。正所谓："文武之道，一张一弛。"在古代，人们深深明白"孤阴不生，孤阳不长"的道理。所以，无论在生活中，还是在工作中，人们都会贯彻阴阳平衡的道理。具体到农业生产中，就是农忙时抓紧时间，农闲时充分休息。因此，在中国的传统节庆中，下半年农闲时节的节庆数量要远远大于农忙时节。

 一、元宵佳节闹社火

欢乐是人类永恒的期盼，获得欢乐的途径多种多样。在古代中国，欢乐主要是天伦之乐，其次还有人际交往的乐趣。前者主要是靠家庭来满足的，后者主要是靠娱乐类节庆来实现的。中国的娱乐类节庆往往按照节制有度、乐而不淫的原则来设计。在中国民间，人们有在元宵节期间闹社火的习俗。跑旱船、扭秧歌，舞龙灯、舞狮子等都是闹社火的娱乐项目。

关于闹社火的由来，民间也有一些传说。有人说闹社火和逃避上天的惩罚有关，也有人说来源于人类和鸟兽的搏斗。其中，人类和鸟兽的搏斗的故事最有儒学韵味。

传说在很久以前，人类还处在穴居野处的时代。当时，山林里面的野兽很多，经常有人被它们吞食。为了躲避山中野兽猛禽的攻击，有人就模仿狮子的吼声做成了锣，模仿老虎的啸声做成钹，模仿豹子的叫声做成了锣鼓，模仿凤凰的叫声做成了笛子。另外，人们发现猛禽和野兽都怕火。于是，人们就准备停当，只等野兽到来。当猛禽野兽踏着冰雪来吃人时，人们点起火把，打起锣鼓，吹响笛子，又跳又唱。飞禽走兽们以为自己闯入了老虎、狮子、豹子和凤凰的地盘，吓得落荒而逃。从此，每到过年时，人们就要闹社火。

面对野兽的侵袭，人们以积极乐观的态度找寻解决办法。这一人生态度反映了儒家乐天知命的命运观。在危险尚未到来之前，预先做好准备，这就是儒家所说的"工欲善其事，必先利其器"。在《周易》中，也有"君子藏器于身，待时而动"的思想。这些思想都提醒我们要居安思危、防微杜渐，以免事到临头而手忙脚乱。

（一）跑旱船

在北方地区，跑旱船是元宵节流行的一种模拟水中行舟的舞蹈。舞蹈者一般有两人，一人手拿船桨象征艄公，一名女子腰系旱船、站在船中象征船娘子。二人边唱边舞，相互配合，极力表现出水面行船的情景。在他们舞蹈时，其他人会用锣鼓、唢呐等乐器进行伴奏。

跑旱船的由来，也和儒学有关。除了下面将要讲到的张果老借花船的故事，还有人说花船来源于曹操用船的模型祭奠赤壁之战的死难官兵。下面我们主要讲张果老借花船的故事。话说有一年，为了庆贺王母娘娘的生日，天上的神仙合力制作了一艘花船。八仙之一的张果老看见花船很漂亮，就把它借来送到人间，让人们闹新春、庆丰收。从此，跑旱船就在民间开始流行起来。直到今天，跑旱船仍然是人们欢度元宵节的娱乐项目之一。

跑旱船的故事虽然简单，但是却透露出深刻的儒学意味。按照儒家《易经》的阴阳哲学，孤阴不生，孤阳不长，阴阳必须相互配合，才会亨通。联系到实际生活中，劳动是阳，而休息则属阴。如果一个人只劳动不休息，不但效率不高，还会伤害身体健康。要是有人只休息不劳动，不但生产无法进行，还会坐吃山空。所以，在生活中，人们一定要劳逸结合。而跑旱船的故事，就深刻地反映了这一哲理。

（二）扭秧歌

秧歌是元宵节重要的民间舞蹈。这一舞蹈形式来源于古代的祛疫祈福，后世又逐渐加入了祭祀农神、祈求丰收、祈求生育等良好愿望。过去的秧歌一般是边舞边唱，现在则大多只舞不唱。关于秧歌的来历，各地有着许多传说。说到南顿秧歌的来历，据说和唐朝大将郭子仪有关。

在唐代中期，中华大地上曾经发生过一场名为"安史之乱"的惨祸。当时，中原一带烽火连天，民不聊生。面对这种惨绝人寰的悲惨状况，诗圣杜甫就曾发出过"国破山河在，城春草木深"的感慨。名将郭子仪率领大军东征西战，终于平定了叛乱。胜利之后，士兵们来到今天河南省项城市的南顿进行休整。郭子仪爱兵如子，军纪严明，得到了当地老百姓的欢迎。当地的老百姓受够了叛军的折磨，对于唐军非常感激。他们经常给士兵们送饭送药，士兵们也很感激。在百姓的帮助下，有伤病的士兵们很快恢复了健康。可是，很多士兵都很思念家里的父母妻儿，不免有些伤感。

为了激发他们的斗志，郭子仪命人点起篝火，让士兵们围着篝火，边唱边舞。也有的士兵打扮成小丑、女人，逗得大家哈哈大笑。从此，南顿人就开始喜欢上了扭秧歌。直到今天，当地还有"南顿集，靠沙河，男女老少跳秧歌"的歌谣在流传。在大江南北，人们也喜欢通过扭秧歌来表达过元宵节的欢乐心情。

郭子仪对士兵和百姓的爱护，体现了将领对属下士兵和百姓的仁爱之心。而百姓给士兵送食送药，和他们一起跳舞，则体现了百姓们的感激之情。如果人与人之间的交往，都能够怀着仁爱之心来进行，世界一定会变得更加美好。

（三）踩高跷

踩高跷也是元宵节的一项娱乐活动。元宵佳节这一天，舞蹈演员扮作媒婆、渔翁、跑堂的踩着高跷来回穿梭，滑稽的表演惹得众人阵阵欢笑。说起高跷的由来，故事那可真不少。有人说起源于晏婴用高跷来回击嘲笑他的外国君臣，也有人说高跷来源于两金城的百姓踩高跷跨过城门智斗贪官。在我看来，最有意思的还是高跷偷粮救人的故事。

很早以前，某地一连几年大旱，百姓苦不堪言。皇帝听说之后，下旨开仓赈灾。可是，知府不思爱民，反而借机囤积粮食、抬高粮价，大发国难财。当地有个名叫高跷的青年痛恨贪心的知府。一天，在上山采药时，他踩在大树的树杈上采到了高处的冬青。不久，他就学会了踩着结实的树杈来回行走。在一个月黑风高的夜里，他踩着树杈来到粮仓里面，偷出不少粮食来赈济灾民。

知府发现粮食丢失，就派人在粮仓里面蹲守。不幸，高跷被抓住了，知府下令处死高跷。有道是"得道多助，失道寡助"，附近村里的青壮年都学会了高跷踩树杈的本领，纷纷组织营救高跷。到了行刑的那一天，他们踩着树杈冲入刑场，击溃了知府的军队，顺利救走了高跷。后来，人们就将踩树杈行走的技术称作踩高跷。在逢年过节时，人们都会踩高跷来助兴。

面对凶狠的知府，人们采取了踩高跷的方式来营救英雄，体现的就是儒家所提倡的"变通思想"。在《易经》中有"穷则变，变则通，通则久"的思想，意思是说人遇到事情要学会变通，才能取得人生的顺利。在《孟子》中，孟子提出，如果嫂子掉到水里了，就要打破"男女授受不亲"的习俗，赶紧把她救起来。在现代，变通思想仍然值得我们认真思考。

（四）吃汤圆

汤圆是南方人喜欢吃的冬至、春节、元宵等佳节美食。清代诗人符曾在《上元竹枝词》一诗中描写了汤圆的制作过程。诗中写道："桂花香馅裹胡桃，江米如珠井水淘。见说马家滴粉好，试灯风里卖元宵。"在人们看来，圆圆的汤圆象征着团圆；而吃汤圆，则表达了大家对于新的一年的美好期盼。说到吃汤圆的来历，民间有很多传说。这些传说大都和元宵节的来历有关联。其中，关于劳逸结合的故事最有儒学韵味。

传说在远古的时候，人们不知休息，一年四季都在劳动。天上的玉帝担心百姓累坏了，无人供奉自己。太白金星建议："您可以派个神仙下凡给百姓的饭锅里面下点疯药。他们生了病，自然就会好好休息。"于是，衲陀祖师奉命前往人间下药。到了腊月初八，衲陀祖师在每一家的饭锅里面都下了疯药。一到锅里，这些药就变成了豆腐、肉丸等美食。百姓把这些美食吃下肚后，就发疯了。大家不再劳动，男的忙着杀猪宰羊，女的忙着缝制新衣裳。到了正月初一，人们继续玩耍，互相串门，表达祝福。

到了正月十三日，人们还在高兴地玩耍。玉帝一看，就派药王菩萨下凡给百姓治病。在正月十四日的夜里，百姓的饭锅里都被放上了解药。这些解药很快变成了包裹着芝麻、核桃、白糖等的白色汤圆。吃完汤圆后，大家的疯病就全都好了，纷纷开始辛勤劳作。

这个故事反映了劳逸结合的哲理思想。劳逸结合、动静结合是中国古人的智慧。今天，我们只有学会劳逸结合，才能活出健康、活出精彩。元宵节里面的众多娱乐项目，都是为了让忙碌了一年的人们能够在农闲时刻得到充分休息，为即将开始的农业生产做好体力和心理准备。在这些精彩纷呈的民俗背后，我们都可以看出儒学思想的影响，也能发现人们祈求丰收、渴盼幸福的美好愿望。

二、上巳节曲水流觞

上巳节是在农历的三月初三。这时的天气乍暖还寒，阳气萌动，阴气盛行。所以，人们会在这时来到溪水边上祭祀、沐浴，以求驱除疾病，驱逐瘟疫。这一天还是古代青年男女野外相会的日子。此外，人们还会举行踏青、求子等活动。诗圣杜甫在《丽人行》一诗中写道："三月三日天气新，长安水边多丽人。"诗里说的就是唐代妇女过上巳节的盛况。在壮族地区，这一天还会举行山歌会。

关于上巳节的来历，民间有各种说法。例如，在河南淮阳，人们会在农历二月二到三月三之间，过拜祭伏羲的"人祖庙会"。再比如，在民间传说中，农历三月三还是王母娘娘开蟠桃会的日子。有一首北京竹枝词是这样描述蟠桃宫庙会盛况的："三月初三春正长，蟠桃宫里看烧香。沿河一带风微起，十丈红尘匝地扬。"此外，在黎

卜洛成周地，浮杯上巳筵。
斗鸡寒食下，走马射堂前。
垂柳金堤合，平沙翠幕连。
不知王逸少，何处会群贤。

——孟浩然《上巳洛中寄王九迥》

族地区，黎族百姓把三月三称为"孚念孚"。这一天既是庆祝农耕和狩猎丰收的日子，又是青年男女自由恋爱的日子。关于"孚念孚"的由来，当地还流传着一个故事。

（一）百灵姑娘的故事

话说有一年，七指岭地区遭遇了严重干旱，百姓的日子很艰难。人们都希望能够尽快迎来甘霖。有个叫亚银的青年爬上了五指山的顶峰，坐在峰顶吹起了鼻箫。一吹就是三天三夜，他终于看见了从山谷中飞出的百灵鸟。百灵鸟并没有向他飞过来，而是向远处飞去。他赶忙起身追赶。不久之后，百灵鸟落在地上，变成了一个漂亮的黎族姑娘。这个姑娘答应亚银，帮助当地的百姓解除旱灾。

经过大家的共同努力，旱灾终于解除了。不料，当地的峒主垂涎百灵姑娘的美貌，就派人把她抓走了。亚银设法救出了百灵，峒主就派人追杀他和百灵姑娘。二人赶忙逃到一个山洞里面。峒主命人放火烧洞，想把两人烧死。在这千钧一发之际，天上乌云滚滚，雷声震天，山崩地裂，万恶的峒主和打手都被压死了。亚银和百灵姑娘也变成鸟儿飞上了天空。说起来，这一天正好是农历的三月初三。为了祝福这对历尽磨难的年轻人，人们跳起舞来唱起歌，祝福他们幸福美满。此后，这一天就成了黎族百姓的一个重要节日。在这一天，人们聚众畅饮，祈求农耕和狩猎丰收，交流感情。

在上面的故事中，百灵鸟帮着黎族百姓解除旱灾，完全是出于怜悯之心。这儿说的怜悯之心，实质上还是仁爱之心。而作恶的峒主被压死，则体现了百姓们盼望好人得救、坏人遭殃的美好愿望。好人要得救，是因为他们有仁爱之心；坏人要遭殃，则是因为他们怀有害人之心。在《周易》中，孔子提出人要修德才能平安顺利。而峒主的遭遇，也从反面说明了修养道德的必要性。

（二）祭高禖求子

《孝经》里讲："不孝有三，无后为大。"在古人看来，生育后代是人生第一大事。加之，在农耕文明中，男丁是重要的劳动力。多一个男丁，就多一份产出。再有，男丁也是祭祀的主持者。所以，古人非常重视生育。一旦妇女不能生育，家人就会想尽办法为她求子。因此，在上巳节的习俗中，就有求子的习俗。

在古人的心目中，高禖是管理婚姻和生育的神仙。因为高禖被供奉于郊外，所以又叫郊禖。高禖反映了古代的生殖崇拜。祭祀高禖，并进行修禊，就可以除灾避祸，求得子嗣。这儿说的修禊，指的是人们手拿兰草，蘸上河水沐浴身体，以此来祈福。在当时人的心目中，妇女不能生育，是由于鬼怪附体。而沐浴可以驱除鬼怪，为妇女求得子嗣。

（三）曲水流觞

曲水流觞也是上巳节的一项活动。这一形式是由临水浮卵演变而来。传说商汤的祖先契的母亲叫作简狄。有一天她和朋友在水边沐浴。忽然，一只玄鸟衔着一只鸟蛋飞了过来。它把鸟蛋扔在简狄的旁边，就飞走了。简狄把鸟蛋吞下去之后就怀孕了，三年之后生下了一个孩子。这个孩子就是商汤的始祖契。从此，人们就认为鸟蛋有生育的功能。因此，在上巳节，人们就把煮熟的鸡蛋放在流水中。

而曲水流觞则是用酒杯来代替鸡蛋。人们会把盛满美酒的酒杯放在水槽中，让它随水漂浮。要是酒杯停在谁面前，谁就要喝酒。书圣王羲之在《兰亭集序》中就曾描写过这一盛况。类似的还有流水浮枣。这是因为枣和"早"同音，所以浮枣也是在求子。

（四）踏青健身

有首歌曲唱道："又是一年三月三，风筝飞满天。"在古代，青年男女会在这一天结伴出行，或者到河边沐浴，或者踏青游玩。无论是踏青还是沐浴，都是希望能够提高身体抵抗力，平安度过冬春之交的季节转换。宋代文豪欧阳修在名为《阮郎归·南园春半踏青时》的诗词中描写了宋代踏青的情况。诗歌中写道："南园春半踏青时，风和闻马嘶。青梅如豆柳如眉，日长蝴蝶飞。"

上述习俗既是为了祈福，又是在娱乐。这些娱乐活动都体现了儒学思想的影响。例如，踏青健身就体现了人们对于身体健康的重视。健康的身体是劳动、学习的本钱，所以这儿反映的还是儒学对于劳逸结合的重视。而辛勤劳作和娱乐休息，也都是为了过上好生活。

到了后来，上巳节的沐浴、祓禊逐渐演变成了踏青游春。《论语》中写道："暮春者，春服既成，冠者五六人，童子六七人，浴乎沂，风乎舞雩，咏而归。"这里说的就是孔子带领弟子游春踏青的事情。由于三月三和清明节的时间很相近，到了后世，人们逐渐就把三月三和清明节一起过。于是，踏青也变成了清明节的重要活动。

三、女儿节

在古代，女儿节是女人的节日。按照传统民俗，女儿节包括为小女孩过的五月初五、为待嫁姑娘过的七月初七和为已婚妇女过的九月初九。在端午节，父母要为小女孩系五彩丝线，祝愿她健康长大。而在七夕节，则主要是乞巧。在重阳节，嫁出门的姑娘要回娘家吃花糕。说起女儿节的由来，民间有各种传说。在四川广元一带，民间流传着这样一个故事。

在公元624年的端午节，利州都督夫人杨氏乘坐花船在嘉陵江上游玩。游船停泊在一处名叫江潭的地方，杨氏快乐地欣赏美丽的江景。忽然，天上风云变色，电闪雷鸣，船上的人们都有些惊慌失措。在一声震天的霹雳之后，忽然有人大喊起来。杨氏定睛一看，只见一条金色的巨龙从江心猛然跃出水面，直冲着官船飞过来。顿时，杨氏就吓得昏了过去。

等到杨氏苏醒过来之后，嘉陵江上面又变得风和日丽。岸边的人们正在安静平和地欣赏江景。回府之后，杨氏很快就有了身孕。后来，她生下了一个女孩。此女后来成为闻名遐迩的女皇帝武则天。为了纪念武则天，广元的妇女会在正月二十三穿上漂亮衣服，乘船到江潭游玩。大家都希望能够碰见金龙，顺利怀孕，生下个一男半女。今天的广元人把每年的公历九月一日定为女儿节。

杨氏看见金龙而受孕，实质上是为了凸显武则天的不平凡。这一观念体现的是儒家学者董仲舒所说的"天人感应"思想。按照这一思想，人和自然万物都是由气化生而来的，相互之间能够互相感应，即所谓"国之将兴，必有祯祥；国之将亡，必有妖孽"。因此，在古人看来，人要顺应天的要求，不可逆天而行。

四、重阳登高秋气爽

重阳节正值秋高气爽、丹桂飘香的时节。这时，虽说也是农忙时节，但是也要忙中偷闲，以便身体得到充分

北山白云里，隐者自怡悦。
相望试登高，心随雁飞灭。
愁因薄暮起，兴是清秋发。
时见归村人，沙行渡头歇。
天边树若荠，江畔洲如月。
何当载酒来，共醉重阳节。

——孟浩然《秋登兰山寄张五》

的休息。此时，天气已经开始逐渐转凉。李清照在《醉花阴·薄雾浓云愁永昼》中对此有所描写。她说："佳节又重阳，玉枕纱橱，半夜凉初透。"关于重阳节的由来，除了前面提到的桓景斩瘟魔的故事之外，民间还有爬山避祸、丁氏冤魂要求媳妇在重阳节休息一天等故事流传。

（一）爬山避祸

很久以前，在骊山下住着一户农家。有天傍晚，农夫从地里劳动回来，碰见了一个无处落脚的算命先生。农夫就把算命先生带回家，招待他食宿。算命先生很感激，就在第二天临走时告诉农夫说："到了九月九，全家高处走。"农夫心想："宁可信其有，不可信其无。"于是，到了九月初九这一天，他就带着妻子儿女爬到了附近的高山上。

正在他们欣赏秋日美景的时候，山坡上忽然冒出一股清泉，把他家的草棚冲塌了。农夫这才明白了算命先生的苦心。从此之后，每到九月初九，他就带着妻子儿女爬到高处，感念算命先生的恩德。久而久之，九月九日登高就成了习俗。平原地区的人们无山可登，就在这一天吃重阳糕，原因是"糕"和高同音。关于吃重阳糕的来历，在陕西武功流传着状元康海做重阳糕感谢报喜的报子和邻居的故事。

农夫不忍算命先生风餐露宿，招待他食宿，体现了农夫的淳朴。而算命先生以自己对于天文地理的了解，指点农夫逃过一劫，则反映了他的感恩之心。农夫没有漠视算命先生的警告，是因为他知道做人应该居安思危，努力做到有备无患。居安思危就是我们前面讲过的忧患意识。

（二）喝酒赏菊

在古代，人们把"梅、兰、竹、菊"称为花中四君子。陶渊明曾经写过："采菊东篱下，悠然见南山"的名句。宋代儒学家周敦颐在脍炙人口的《爱莲说》中，把菊花称为隐逸之花。古人非常看重菊花的淡泊品格，认为它不和百花争艳，独在九月开放。晏几道在《蝶恋花》中就曾写道："金菊开时，已近重阳宴。"

由于九月正值夏秋之交，人们容易染病。菊花不但可以观赏，而且可以入药。为了提高自身的身体抵抗力，人们就在九月份喝菊花酒。孟浩然在《秋登兰山寄张五》一诗中，就有"何当载酒来，共醉重阳节"的诗句。在济南，古代的文士会在重阳节这一天登千佛山，喝菊花酒，吃绿豆糕，以文会友。

（三）敬老

正如前文所述，在古人的心目中，九代表阳，六代表阴。重阳节这一天是九月初九，这一天正好是双九，所以叫作重阳。九九和"久久"同音，所以人们又把重阳节称为敬老节。按照古人的观念，剥极必复，物极必反，九属于老阳，很快要转为六（少阴），不太吉利。为了求得平安和乐，所以人们在这一天要祈求长寿。有的地方还会给老年人敬献甜软可口的九重米果。

重阳节正值秋高气爽的时节，适合登高望远。人们登高望远和外出踏秋，既是为了锻炼身体，更是为了欣赏秋日的风景。登高望远的习俗，体现的还是劳逸结合。而敬老的习俗则反映了中国人重视孝道、报本返始的观念。

五、苗族的踩花山

踩花山是苗族的一个重要节日。各地的过节日期不大一致，彭水苗族土家族自治县的踩花山是在正月初一到初六。青年男女会穿着节日的盛装，围绕高约二十米的花杆载歌载舞，互诉衷肠。旁边的人们会吹起芦笙、唢呐等乐器，为他们伴奏。同时，青年男子还会举行爬杆比赛。说到踩花山的由来，民间流传着不少传说。其中，有人说和蒙子酉带领苗族百姓反对残暴的皇帝有关，也有人说和桃花姑娘有关，还有人说和苗族百姓求雨有关。下面，我们就来看桃花姑娘的故事。

很久以前，在大山深处的桃花寨里，住着一个桃花姑娘。她待人和善，心地善良。她非常喜欢只会种地、打猎、吹芦笙的老憨哥。有一天，好色的财主把她抢走了。老憨哥就带上弓箭、弯刀和芦笙，穿上自己制作的百鸟衣，去拯救自己的心上人。

尽管财主百般利诱，可是桃花姑娘还是不为所动。有一天，财主听说街上来了一个穿着新奇、技艺超群的吹芦笙小伙，就带着桃花去听曲散心。看到老憨哥正在吹芦笙，桃花赶紧挤到人群中间。看到桃花，老憨哥就取出弯弓射瞎了财主的右眼，又拔出弯刀打散了财主的家丁。随后，他带领桃花趁乱逃回桃花寨。乡亲们高兴地抬出米酒，吹起芦笙，庆祝桃花姑娘脱险。此后，每年正月初三，苗族乡亲都会聚集在桃花寨，唱歌跳舞、骑马射箭。时间长了，当地就形成了踩花山的节日习俗。

桃花姑娘不为威逼利诱所动，保持了对爱情的忠贞，反映了孟子提倡的"富贵不能淫，威武不能屈，贫贱不能移"的思想，真可以说是女中丈夫了。而老憨哥智勇双全，不畏艰险救回桃花，则体现了儒学提倡的"有勇有

117

义"。所以，即使面临困境，我们也要保持气节。与此同时，只要我们坚忍不拔，就能战胜生活中的艰难险阻。

六、小结

受到儒家阴阳思想的影响，在传统节庆之中，有着很多娱乐类节庆。刚柔并济、阴阳和谐一直是古人追求的生活理念。古人讲究劳逸结合，反对过苦行僧式的生活。这些节庆既有利于人们在繁忙的农业生产间隙得到充分的休息，也有利于融洽人际关系。这些娱乐活动都不是单纯的娱乐，而是寓教于乐，暗含着古人对于美好生活的期盼。

值得一提的是，中国古人的娱乐是一种有节制的欢乐，和西方的狂欢节有很大差别。这是由中西文化的差异决定的。中国文化更加注重整体利益，西方文化更加注重张扬个性。在人类面临道德沦丧、物欲膨胀、毒品泛滥等文明病的今天，中国古人的娱乐理念更值得我们好好总结和继承。

第七章

老传统的新明天

在科学昌明的今天，说到传统，有些人往往会把它和落后联系起来。在这些人的心目中，传统就是落后的、保守的、封建的，是应该抛弃的；现代则是先进的、进步的、文明的、时尚的，是应该大力弘扬的。在他们看来，传统和现代之间水火不容。这样的看法其实是一种思维的偏差。传统和现代之间，其实是一种相辅相成、动态调适的关系。

一、传统与现代二重奏

传统是现代发生的基础，而现代则是建立在传统的基础上，是传统的发展和延续。如果要割裂二者之间的联系，就像是只要第三层楼的富翁一样愚蠢。

（一）急功近利的富翁

从前有个富翁家财万贯，可是不学无术。有一天，他到了另一个富翁的家里去做客。只见，这个富翁家里有一座富丽堂皇、雕梁画栋的三层高楼。富翁一看，很是羡慕。当时，他就想："我家里的钱并不比他家少，回家后我也要盖一座同样的高楼。"回到家之后，他立刻找来工匠，准备开始盖楼。工匠们就按照富翁的要求，开始丈量土地、置办建筑材料。

为了确保工程的质量，工匠们认真地平整土地、打地基。时间过得很快，几天后，富翁前来检查工程进度。在前后巡视了一圈之后，他把工程负责人找过来，告诉他说："为什么三层楼要从下面开始盖，怎么不从上面开始盖？我不要下面的两层，只要上面的第三层。"

工匠们一听，不禁有些哭笑不得。他们一再向富翁解释"九层之台，起于垒土"的道理。可是，富翁很固执，坚决要求只盖第三层。工匠们一听，就撂挑子不干了。富翁一看，就赶忙说："你们要按我说的盖，我给你三倍价钱"。可是，工匠们还是头也不回地走了。

这个故事虽然简单，却让人深思。如果把我们的民族复兴比作三层楼的话，传统就是这座楼的地基，而现代则是二三层楼。如果抛弃传统，就相当于不打地基，直接盖第三层。显然，这是急功近利、欲速不达的做法。

（二）传统与现代的冲突

上面说过，传统指的是世代相传的物质实体、信仰、习俗和制度等因素的总和。传统也是动态演变的，并非僵化保守的。不可否认，传统与现代之间有冲突的一面。由于时代变迁，传统文化中的很多观念已经被现代人所抛弃了。例如，古代讲究女子要"三从四德"。"三从"即在家从父，出嫁从夫，夫死从子。这是对于妇女地位的不合理规范，应该抛弃。"四德"即妇德、妇容、妇言、妇功，讲的是女子要修养道德，要注意仪表，不要搬弄是非，要会做针线活等。这些都是古代对于女子的要求。用现在的男女平等的观念来看，"三从四德"对女性来说，确实有些不太公平。所以，我们用男女平等的现代观念代替了"三从四德"，是一种时代的进步。

再者，在现代社会中，由于经济形态的变化，很多传统观念需要调整。传统上，中国以自给自足的农耕经济为主，男耕女织、夫唱妇随是中国人的理想生活。而"三十亩地一头牛，老婆孩子热炕头"，也曾经是多少中国男人的梦想！在建设市场经济的现代社会，人们不再追求小富即安，而是勇敢去为自己的财富梦想去打拼。所以，传统中鼓励个性发展、鼓励行善积德等内容就值得今天继承和借鉴。

（三）传统与现代的联系

在传统和现代之间，除了矛盾性的一面，还有协调性的一面。具体来说，传统的很多观念、风俗、艺术等内容都可以超越时代，被世世代代的人们所敬仰。举例来讲，儒学所提倡的"己所不欲，勿施于人"的换位思考的观念，就可以超越时代的变迁。在今天，如何妥善处理民富与国强之间的关系，也是人们关心的话题之一。孟子提倡的仁政思想也可以为解决这一问题提供某些方面的参考。与此同时，扩大内需也是人们热烈讨论的话题。孟子提出了"制民之产"思想，就是希望能够为古代的人们提供社会保障。孟子思想也值得今天的人们加以思考和继承。总之，如果我们打算完全抛弃传统，既不可能，也不明智。

说到实现民族伟大复兴，很多传统观念都可以为实现这一目标而贡献力量。例如"与时俱进"的观念就来自于《周易》"与时偕行"的思想。在《周易》中，有"时止则止，时行则行，动静不失其时，其道光明"的思想，意思是说要把握好时机，该出手时不要犹豫，不该出手时不要妄动。只要一个人按着正道行事，前途就会一片光明。再比如邓小平同志提出的"韬光养晦"就受到了《周易·乾卦》"潜龙勿用"思想的影响。潜龙勿用的意思就是，在不清楚状况的情况下，不要轻举妄动，以免招致不必要的麻烦。因此，如果一个人想要完全抛弃传统既不明智，也不可取。

总之，传统是现代得以发生的基础，现代是在传统基础上的现代。二者之间存在着协调性和继承性，并非截然对立，水火不容。妥善处理传统和现代的关系，有利于减少转型期的社会动荡，促使国家更好地发展。在这方面，韩国和日本就有不少值得我们学习的地方。

二、老传统的新明天

传统与现代之间是一种既有冲突又有继承的关系。文化是传统中的重要组成部分，而儒学又是传统文化的核心。在今天，如果我们要实现中华民族的伟大复兴，无疑就要复兴儒学。复兴儒学不能仅仅停留在书斋和讲堂中，而是要复兴民间儒学。要复兴民间儒学，就要从民俗入手。传统节庆作为民俗的重要组成部分，是百姓耳熟能详、喜闻乐见的生活经验。如果我们能够认真梳理节庆等民俗，取其精华，去其糟粕，就有助于最终实现中华文化的伟大复兴。

（一）复兴传统节庆的意义

传统节庆是传统文化的重要组成部分。传统节庆既有督促农业生产的意义，也有传承文化、弘扬道德的意义。

在传统节庆中，中国人所注重的团圆、亲情都得到了体现和加强，而父慈子孝、夫和妻柔、兄友弟恭、朋友有信、尊老爱幼等传统道德也得到了传承，并借助节庆在庶民百姓中得以代代传承。

在今天，复兴传统节日至少具有传承文化、发展旅游等方面的作用。在过去，面对目不识丁的普通百姓，传承文化主要靠百姓喜闻乐见的戏曲、民谣、节庆等来实现。在节庆中，忠孝节义、礼义廉耻等儒学观念都得到了实现。例如，端午节就来源于对勤政爱民、心忧天下的屈原的纪念，而清明节则寄托了人们对淡泊名利、忠君爱国的介子推的追思。在现代，复兴传统节庆，一样有利于复兴中华文化。

就发展旅游而言，各地已经有了不少成功的经验。例如，山西晋中就曾举办晋商社火节，希望能够通过富有地方特色的社火来吸引游客，丰富晋商旅游的内涵。再比如，山东荣成国际渔民节以传统的谷雨日祭海保平安活动为基础，结合当代新观念、新文化，发展成庆祝丰收、歌舞娱乐等一系列节庆活动，也获得了海内外众多游客的青睐。总之，从以上两个成功经验来看，如果我们发展旅游，就要结合当地的实际情况，充分体现传统节庆的区域差异。

（二）复兴传统节庆的途径

对于传统节庆中不适合当代需要的部分，需要大胆加以改革，使其适应当今社会的现实需要，符合当代中国人的审美趣味。就复兴传统节庆的途径而言，笔者大致有如下设想。

1. 因革损益话节庆

古语云："礼失求诸野。"面对当今社会道德滑坡的现实，要复兴传统道德，重建良好社会风气，就要复兴传统节庆。对于传统节庆中的内容，我们要加以分析，并采取不同的应对策略。对于完全没有时代意义的内容，我们要予以淡化处理。例如，在医学比较发达的今天，上巳节、七夕节的求子习俗已经价值不大，没有必要大力提倡了。再有，从环保的角度出发，在清明时节，柳树正是发芽的时候。在这一时期，折柳枝并不利于柳树的成长。孟子说："斧斤以时入山林"，意思是砍柴要尊重树木生长的规律。在春夏季节，树木正在生长发育，我们应该只砍枯枝，不能砍小树。这一观念有利于维护生态平衡，值得继承。所以，清明戴柳的习俗，不妨予以废除。可是，对于清明祭祖、重阳登高等有利于维系亲情、增强体质的内容，我们则要大力继承和创新。原因是这些习俗都寄托着中国人对于家庭和亲情的眷恋，承载着人们对于身体健康、平安如意的期盼。

2. 三管齐下促复兴

复兴传统节日至少具有发展经济、传承文化、发展旅游等方面的作用，需要政府、企业和民众三方面的积极参与。如果三方面的力量能够形成合力，传统节庆的复兴就指日可待。

第一，传统节庆的复兴，有助于提升国家的软实力。为了实现这一目的，首先，政府需要积极支持非物质文化遗产申报，并出台扶持节庆复兴的有力政策。其次，政府可以利用经济发展带来的文化自信，大力复兴民族文化，增强民众的民族自尊心、自信心和凝聚力。再次，传统节庆的复兴，可以调节人际关系，营造良好的社会风气。

第二，传统节庆的复兴，有利于企业抢占市场。传统节庆有很多的食品和用具。由于年代久远，普通人已经不懂很多节庆食品和用具的制作工艺。在全球范围内传统复兴的潮流之下，一旦传统节庆得以复兴，节庆食品和用具的市场就会大发展。企业可以抓住这一商机，抢占市场空白，实现社会效益和经济效益的双赢。此外，企业也可以发展文化产业，参与民俗旅游，从中获得经济效益。

第三，传统节庆的复兴，有助于人们缓解压力。在后工业社会，人们的生活节奏越来越快，精神压力也越来越大。《指环王》《霍比特人》等魔幻影片的流行，正好满足了人们放松身心的需要。可是，这种娱乐方式实质上是一种逃避。通过参与传统节庆，民众就可以融洽感情、放松身心。在民众中间，年轻人应该成为复兴传统文化的希望所在。所以，国家有必要采取有效措施，以便重塑年轻人对于传统节庆的好感和热情。

后记

　　在定稿多年之后，笔者撰写的《岁时佳话：儒家与节庆》一书终于要面世了。在付梓之际，本人有一些不得不说的话。

　　近年来，复兴以儒学为代表的中华优秀传统文化，已经上升为国家战略。在官方的大力提倡和民间的积极参与下，儒学复兴俨然已经成为一股热潮。可是，在这一热潮中，也有一些隐忧。例如，在某些地方，在提倡节俭的名义下，丧礼已经大大简化，不能再遵循古已有之、传承至今的礼仪。再如，人们常常感慨，现在过年没有年味了。究其原因，一是人们告别"短缺"，生活水平提高了；二是承载儒学的礼仪，因社会的变迁，而大大丧失了。可是，仪式、规程都是传统文化的有效载体。一旦取消仪式，很多礼仪就难以传承，儒学也将变成余英时先生所说的"游魂"。

　　正如张岱年先生所说："文化包含物质、制度、风俗习惯、思想与价值四个部分。"自古以来，风俗习惯一直是儒学的有效载体。而传统节庆既是风俗习惯的有机组成部分，又体现了儒家对现世生活的关注和对个体生命的尊重。传统节庆不但让普通民众可以把握农业生产的节奏，而且发挥了在普通民众中间传承儒学的重要作用。

　　本人出生在农村，从小就对传统节庆和礼仪有所了

129

解。2011年，笔者正在山东大学求学。欣闻业师向世陵教授组织撰写儒学普及丛书，本人选择了《岁时佳话：儒家与节庆》，希望将自身对传统节庆的理解表达出来。在与向老师多次沟通之后，笔者拟定了本书的写作提纲。

在写作过程中，笔者不但查阅了大量资料，而且进行了不少思考。经过一年多的努力，笔者终于拿出了本书的初稿。向老师对初稿提出了有针对性的修改意见，笔者也进行了相应的修改。回首本书的成书过程，笔者首先要感谢的就是向世陵老师的指导和督促。

尽管本书顺利完成，但由于种种原因，它的出版却历经波折。在几年之后，在同门师弟杨名先生的努力下，西南交通大学出版社答应出版本套丛书。经过双方友好协商，丛书的题目也被确定下来，即《儒家思想之当代解读系列丛书》，本书被列入丛书第一辑。应当说，离开杨名先生的努力，本书无法面世。因此，在本书付梓之际，本人谨向杨名先生表示最真诚的谢意！

最后，在本书的写作过程中，内子岳晗不仅为我提供了生活上的帮助，而且细致阅读书稿，还提出了不少颇有价值的修改意见。在面对出版挫折时，她也给我以积极鼓励。还有，在陪伴小女李嘉卉成长的过程中，我既体会到了为人父母的艰辛和快乐；又对儒学在家庭层面的价值，有了新的认识和思考。因此，在本书正式出版之际，我也要向至爱的家人表示诚挚感谢！

李永富

2018年4月23日